「入れ墨」と漢字

——古代中国の思想変貌と書——

松宮貴之●著

雄山閣

はじめに——入れ墨文様から文字へ

入れ墨とは、針・刃物・骨片などで皮膚を刺突、或いは切るなどして、そこに墨・煤・朱などの色素を入れ込み着色を加え文様・文字・絵柄などを描いたものを言う。

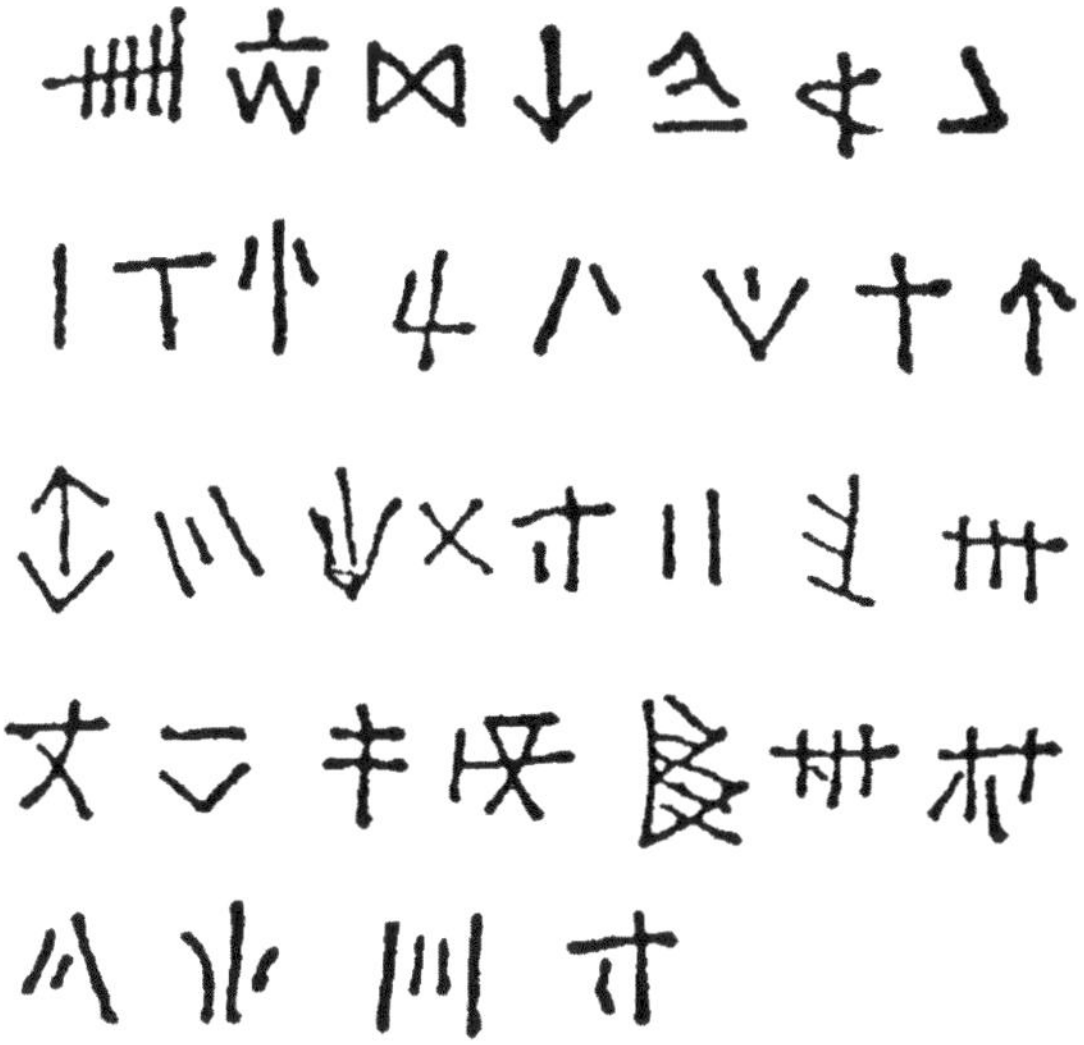

図1

ここでは、その「文様」から「文字」への変遷に、着眼したい。

そもそも新石器時代の文様は、多種多様であり直線・曲線・円・点などを組み合わせた幾何学模様をはじめ、人面文や魚文なども描かれている。特に魚は生活の糧であり、集落の護り神としても尊崇される文様であった。元来、食物こそが崇拝の対象だったのである。また中国の新石器時代に陶製の容器の側面や底面に漢字の原初形を想像させる符号のようなものがあり、紀元前五〇〇〇年頃のものといわれている。半坡(はんぱ)遺跡・良渚(りょうしょ)遺跡などから発見されているこれらを、陶文、または刻画符号と呼ぶ（図1）。

さらに、殷時代になると、「饕餮(とうてつ)文」「龍」「鳳凰」「蟬」「象」などの動物文が主として表現され、隙間なく「雷文」

が施された。

これらの文様が簡略化されたものが文字の原形であり、また逆に文字の原形から文様へと進化したものもある。つまりは、入れ墨の中には、古い文字が残存しているはずだ。

図2は、沖縄、奄美に残る「針突（ハジチ）」であるが、それらとの造形的類似性により、その関係性が想

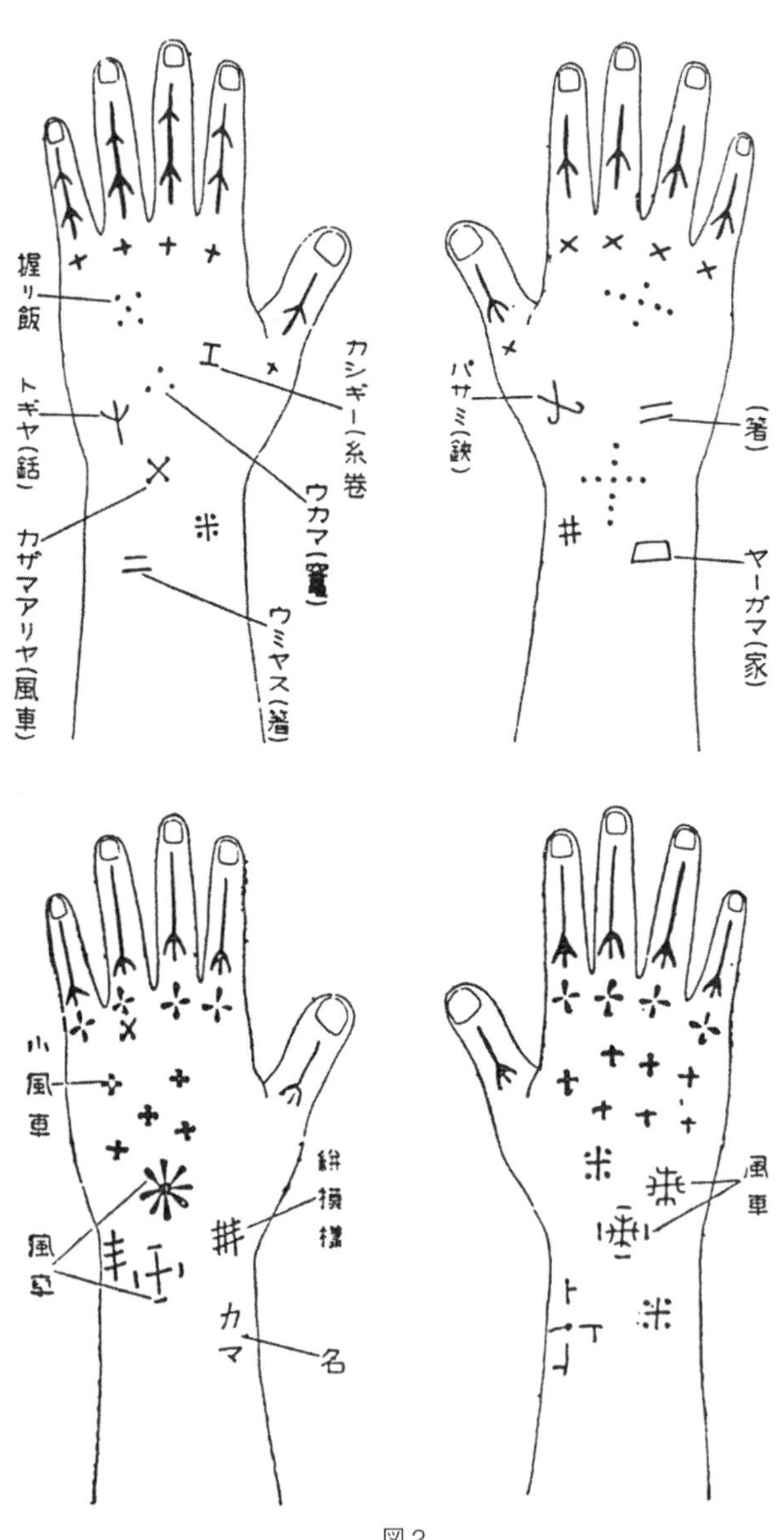

図2

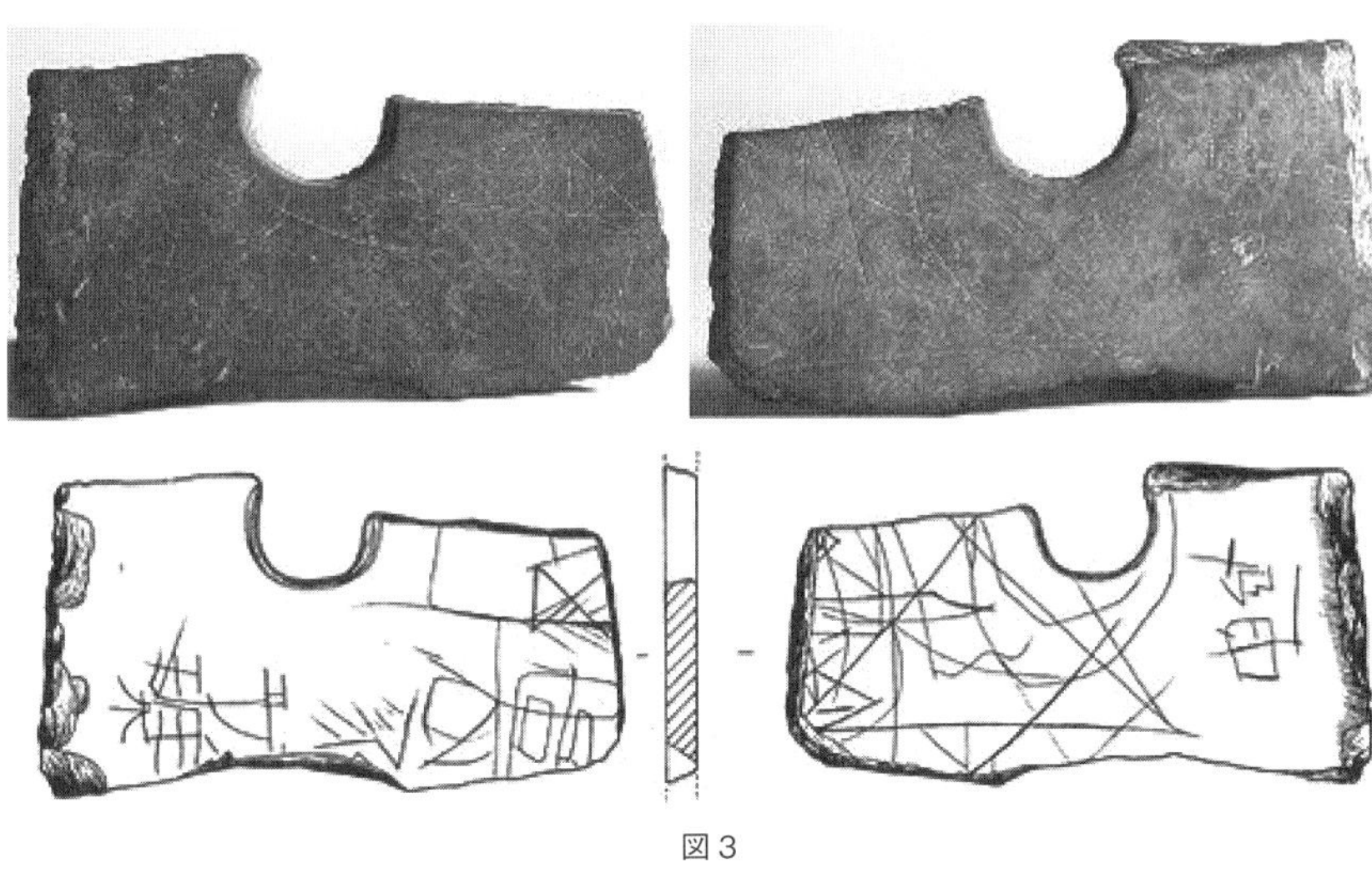

図3

起できよう。

因みに琉球諸島と中国大陸との関係を示す資料については、既に中国古代の獣形文あるいはそれに模した文様が、当地の遺物に残されているという説が提出されている。

文様と文字の決定的な違いは、文様という表象が持つ単発的な意味に反して、文字が言葉、言語表象の一部であり、それが動詞を内包する構成要素の役割を担って、発展したことにある。古来、模様・記号時代を経て、動詞を用いる文の構成要素となる「文字」は、早くも新石器時代に見られる。因みに品詞の単位では、文字も記号の状態と言えよう。

例えば図3は浙江省平湖市の庄橋墳遺跡で発見された約五〇〇〇年前の出土品に彫り込まれた記号だが、中国最古の文字とされる甲骨文字より、さらに約千年古い文字である可能性があると近年指摘された。出土品は約五三〇〇年から約四〇〇〇年前に長江下流域で発達した良渚文化期のものとみられ、当時の住民が一定の文化レベルを有していたことが窺われる。同遺跡から二〇〇三～〇六年にかけて、記号が彫り込まれた石器など約二四〇点が出土。記号は旗に似た形等もある。一カ所に並べてあるなど一定の秩序があることから文字と判断され、「六つ並んだ記号のうち、三つ同じものがある。明らかに何らかの意味を伝えようとしている」と出説された。

また、入れ墨模様は、他界の表象との関係から、あらゆる物語を派生させ、多義的に用いられた。

そしてアジア・ミクロネシアの中で中原を中心にして入れ墨が消えた要因の一つに、東アジアの文字（漢字）が、墨によって書されたことが挙げられる。殉葬時にも用いられていた入れ墨が、墨字、書があったからこそ、殉葬という残忍な文化から逸早く脱却できたとも考えられ、それは文字（漢字）文化圏であったと総括できよう。

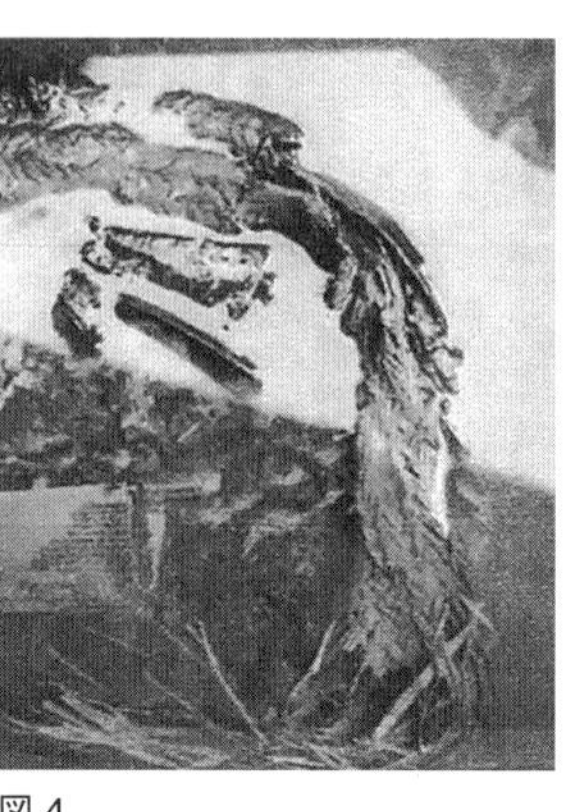

図4

周知の通り、白川静は、殷代の「ㅂ」字を、載書（あるいは祝告（しゅくこく）・祝冊（しゅくさつ）・盟誓（めいせい））を収める器を示すものとしたが、昨今の出土資料研究では、竹筒と呼ばれる竹籠のようなもので、その中に簡牘が入っていたものが発見されている（図4）。

本著では、以上の歴史を踏まえ、その壮絶に推移するドラマを、分野横断的に紐解きたい。

殉葬から殉文へ。

木簡が殉葬の身代わりとなり、殉死者を抑制したのである。

木簡、今でいう塔婆（木主等）がその十字架の表象であり、それへの祈祷を期に、東アジアの文化は独自のうねりを見せ始めたのである。

目次

第一章　文字論の宇宙

発端――郭沫若による提起

辛辛本為剞劂、其所有転為愆辠之意者、亦有可説。蓋古人于異族之俘虜或同族中之有罪而不至于死者、毎黥其額而奴使之。

辛辛は、もともと曲がった刀、曲がった鑿の意味で、転じて罪人の意とも説明できる。多分古人は異族の俘虜、あるいは同族中の罪人を殺さないで、常に額に入れ墨して奴隷としたのである。（一九二九年八月脱稿の『甲骨文字研究』）

文字学の領域、中でも甲骨文の中で、古代中国の入れ墨の在り方の端緒を拓いたのは近現代の中国人学者、郭沫若に他ならない。中でも「辛」字について、先に挙げた『甲骨文字研究』の他に、同年の書『支那古代社会史論』「「卜辭」を通して見たる古代社會」〈奴隷の用途について〉の中でも、

用途の一――雑事に使役する。これは、僕といふ字の字形そのものが最も明瞭に表現してゐる。甲骨文字の僕の字はであって、全體の形は立つている人の側面に象つている。〔これを仔細に點検すると〕頭の上に辛〔痛苦・罪の義あり〕を載せてゐるが、これは天〔頭部に入墨する刑〕であり黥〔面部に入墨する刑〕である。面部に入墨するといふ形を表示することが出来ないために、黥を施すための刑具をもつ

てこれを表示したのである。辛とは、取りも直さず、古代の剞劂(キケツ)（剞は曲刀・劂は曲鑿で孰れも彫り物に用ふるもの）である。…さて、右の人形は頭部に黥されて居ることが判つた。更に臀部に尾の形があり、手に捧げ持つてゐるものは、掃除の結果棄つべき物（箕(キ)）の中に塵埃を盛つた形）である。さすれば、僕なるものが、古人によって、掃除などの賤役を受け持つものとして使役されてゐたことを知り得るわけでる。

と解釈した。

唯物論の立場から歴史批判をするという、想像力を掻き立てるこれらの説を見ると、当時の知的興奮がよく伝わってくる。

そもそも郭は、エンゲルスの『家族・私有財産・国家の起源』、奴隷制の研究に於ける世界的権威イングラムの『奴隷制度と農奴制度の歴史』の附録に論及し、郭説の当時の研究性質はエンゲルスの『家族・私有財産・国家の起源』の続編に当たると明言、さらに唯物弁証法的観念に拠ると宣言していた。

そして、その一環としての卜辞研究の中で、中国に於ける殷代の奴隷制の発見に至るのであるが、これらは、その思想を背景とした文字考証の確実な成果なのである。

郭沫若、そして中国古代史

郭沫若（一八九二－一九七八）は中国の文学者、歴史学者、政治家である。九州帝大卒業後、国民革命軍に加わり北伐に参加。昭和二年南昌蜂起に失敗し、この時期から日本に亡命して中国古代史の研究に専念した。日中戦争開始直後、日本から脱出して抗日宣伝活動に参加したが、その間に戯曲「屈原」を執筆した。第二次大戦後、政務院副総理、中国科学院院長、中日友好協会名誉会長を歴任。親日派として知られた。新中国の学術界のリーダーであった故に当説は、現在でも社会科学院の見解として継承するものも少なくない。

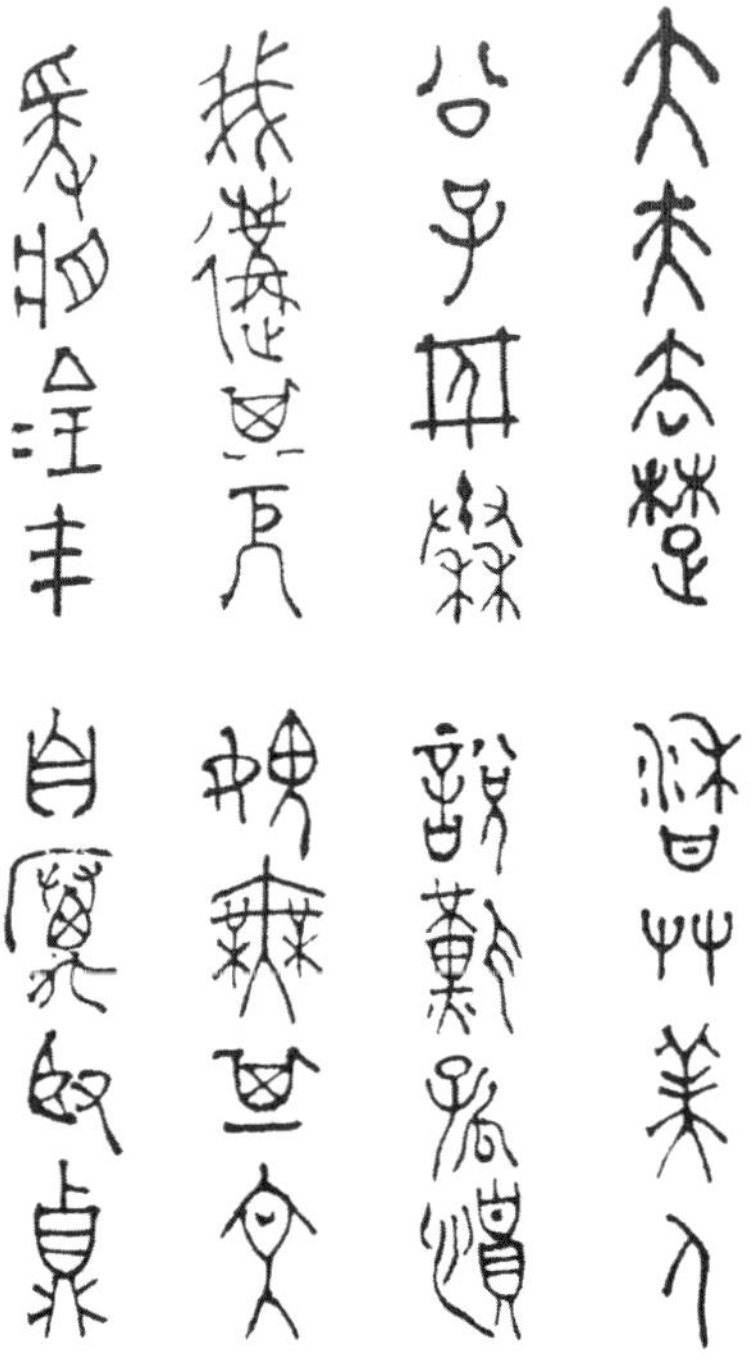

図1

その郭沫若は、石碑の学への関心を青年期からもっていた。それは、嘉定府中学堂にて包世臣の『芸舟双楫』をテキストにしていた時からの影響と考えられる。

一端として、市川への亡命期の金石作品や、それ以後の多くの金石拓本への跋文が、その造詣の深さを如実に物語っている。

郭沫若は、特に市川在住期、西洋考古学の影響を受けた古代史再編に精力を傾けたが、その中で、甲骨・金文の文字学的研究は、従来の説文文字学からの脱却を示すものであったのである。

図1の金文の書も、説文学以来の黄帝時代を夢想し、その神話、宗教に参与せんとした古代空想的臨書ではなく、一史料として、科学的に古文字に向き合った、郭沫若の立ち位置を物語る資料と言えるだろう。

前節で述べた中国の古代奴隷制の情景が甦る尖鋭な説は、センセーショナルに受け止められ、世の研究者達を震撼させたのである。

郭沫若説の真偽

しかし現在、郭沫若の客観性については、いくつかの課題が呈されている。先ず甲骨文の「辛」字の用例は、専ら十干として用いられ、入れ墨を直接表す用例は存在しないこと。また立命館大学の甲骨学の新旗手、落合淳思氏は『甲骨文字辞典』において「辛」「辛」字については敢えて入れ墨に言及されていない。

そこで甲骨文中の入れ墨刑と「辛」字の関係があるとすれば、屯一一二二に、

辛伊尹、罘酒十窂。

の祭祀を表す用例があり、入れ墨と祭祀との因果があるとしても、その可能性は指摘できるという程度に止まるであろう。

つまりこの説は、当時の郭沫若を取り巻く情勢や政治環境から、奴隷制の発見への促しが性急であったが故に生まれた着想、産物であったとも言える。

但し、郭沫若は、古代から残存する清末の伝統中国の刑罰としての入れ墨の実情や、四川省出身であることもあって、中国西南文化の入れ墨習俗、それらの民族性について何らかの知識を有していたことも想起できる。

清末、光緒三二年に《大清律例》の改訂によって、一九一一年に墨刑は廃止された。一八九二年生まれの郭が、その刑に無知であったと考える方が困難であろう。

「辛」と「墨」字

入れ墨を意味する文字は、「辛」ではなく、中国古典文献に於いては、「墨」「黥」に代表される。後に述べるが共に部首「黒」形が要素となっている。

例えば、『左傳』昭公十四年（前五一〇年）に、

貪以敗官為墨。

貪欲で官職を汚すものを「墨」という。

とあって杜預注に、

墨、不絜之称

墨とは、不潔のよびなである。

とあり、時代は下るが『書経』伊訓に、

臣下不匡、其刑墨

臣下が上の者を諫め正さないなら、その者に墨刑を加える。

とあり、偽孔伝に、

臣不正君、服墨刑。鑿其額、涅以墨。

臣下が上の者を正さなければ、墨刑とする。その額を切り裂き、墨で染める。

とあることによって確認できる。これらの用例は枚挙に暇がなく、「墨」の観念はより古くは「入れ墨刑」

を強く意味していたことは明らかである。

白川静文身論

日本の著名な文字学者、白川静は、実は、歴史学ともども郭沫若の影響を強く受けていたことは、あまり知られていない。これは付言であるが白川は柳田国男の著作集を、「ノートを取りながら読み進んだ」そうだ。

例えば、郭の「辛」字論考の影響を受けて、白川は、『字統』に於いて、

> 把手のある大きな直針の形。これを文身・入墨に用いるもので、その関係の字は多く辛に従う。〔説文〕一四下に「秋時、萬物なりて熟す。金は剛、味は辛なり。辛通して即ち泣出づ。一に辛に従う。辛は辠なり。辛は庚に承く。人の股に象る」とするが、その説くところは五行説によるもので、全く要領を得ない。辛は直刀、辛は曲刀であるが、辛は辟のように肉を切るときもあり、また章のように入墨に用いるものもあって、その形から必ず一義を定めうるものではなく、その従う字形によって、その器形とはたらきとを区分しなければならない。辛は童・妾・辠・辜において明らかに入墨に用いる針の意であるが、新・親では神位を作る木に標識として加える辛であり、辞（辭）・薛においては曲刀、また商においては、王朝の刑罰権と神聖権とを示す儀器である。他にも龍（竜）・鳳・虎などの冠飾に用いることもあるが、それらは聖獣を示す文飾とみてよい。辛の初義は文身に用いる針。それで辛痛の義となる。十干において、庚辛とならんで「金のえ・金のと」に用いる。十干は甲乙が甲骨、丙丁は鋳治の器、戊己は刃器と工具、庚辛もまた対待の義をもつはずであるから、庚は杵の形、辛は針器ということになる。

と述べている。詳細は、『甲骨金文学論集』所収の「辠辜関係字説―主として中国古代における身體刑につい

て」にて論述されている。

また白川は、辛系文字だけでなく、呉大澂説以来の「文」字系、さら「奭」「爽」「凶」「兇」「匈」「彦」「顔」「産」「爾」「薾」「瀰」「禰」を挙げ、中でも「文」「奭」について、宗廟で先王を祀るのに「文」を冠し、また先妣を祀る某王の「奭」であったことから、文身は、この国の最高の権威と神聖性を表象するものであったとしている。白川は当時の入れ墨を夷系の文化と捉えているのも特徴である。

そもそも、当時の装飾・美術とは、単に「感動を呼び起す崇高な芸術」ではない。それは近代以降の概念であって、人間の長い歴史においては、「権力メディア」の役割、「命令と支配のための人類が生み出した文化ツール」だったと言えるだろう。

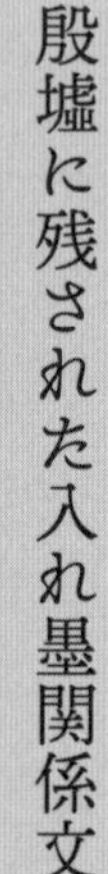

殷墟に残された入れ墨関係文物

殷墟から出土した文物の内で、文身、つまり入れ墨を表すと議論された嚆矢は、陳仁濤『金匱論綜合刊』第一期（香港　一九五五年）の「金匱論古初集補正」である。高去尋が図2について、アメリカのカール・スチュスター論を基に展開したものがある。入れ墨、またその背には饕餮文が施されている。さらに図3は小屯で発掘された手足のない彫像であるが、これも、李済によって、文身と認識されている。

この図2の饕餮文を文身とした上で、くるぶしの十字文が海南黎人の習俗と合致すると見て、殷の時代にその習俗があり、小屯それについても同義とし、李済もその認識に追認した。ただし、本邦では林巳奈夫氏がその説に触れるものの、慎重な姿勢を見せている。

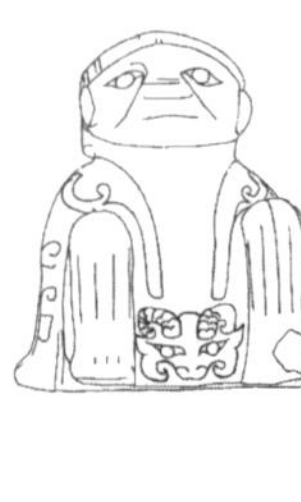
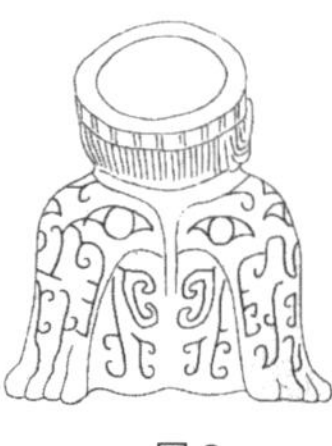
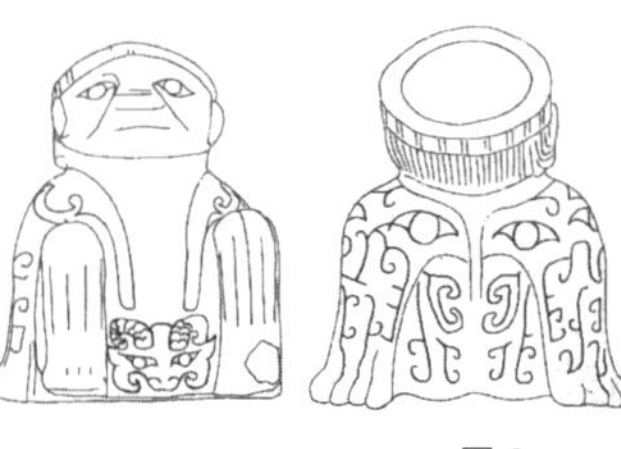

図2

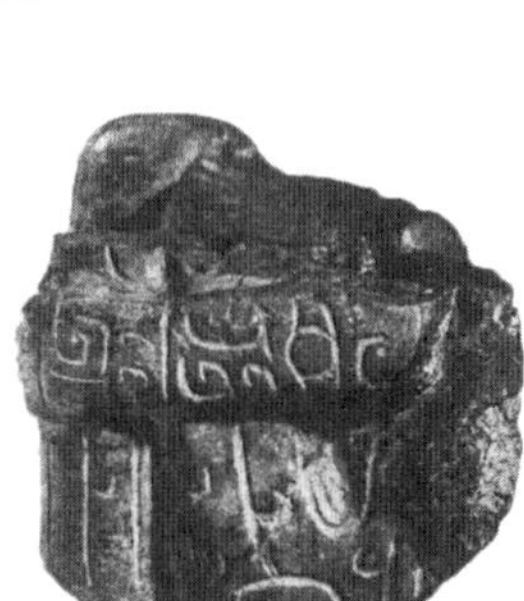

図3

唐蘭のエキセントリックな「黒」字説

さて、文革以後の文字学の成果で、入れ墨刑を表す字義解釈として、唐蘭説を挙げることができる。例えば辞書的な解説を挙げると、「黒」字について、『漢語多功能字庫』では唐蘭説に基づいて、

甲骨文從「大」從[illegible]、[illegible]象人面部受墨刑之貌（唐蘭）。墨刑指在人臉上刺字塗墨的刑罰。「黑」後來專門用來表示黑白之「黑」的引申義、墨刑之本義就專門用「墨」來表示。

甲骨文は、「大」に従い「[illegible]」に従う。「[illegible]」は人面に墨刑を受けた様態（唐蘭）。墨刑は、人の顔に字を刺し墨を塗る刑罰。「黒」は後に専ら黒白の黒いを表すのは引伸義。墨刑の本義は、専ら「墨」を用いて表すようになる。

そして、詳解では、

上図の甲骨文は、于省吾に拠れば、まさに黒字に釈すべきである。唐蘭は、正面に立つ人の姿で、墨刑を受けた人と考えた。墨刑は、人の顔に字を刺し墨を塗る刑罰。「黒」は後に専ら黒白の黒を表すのは引伸義。墨刑の本義は、専ら「墨」を用いて表すようになる。墨字を調べてみると、『白虎通五刑』に「罪あるもの、その額に墨す」とある。早期の金文は、甲骨文の形を承け、また「大」「[illegible]」に従う。後に字形の首部中画の両辺と下部「大」形に、点画を装飾している。後に黒字の下部「大」が「炎」に変形し、『説文』は、小篆のこれによって、「黒は、火の薫ずるずる色。炎上に従い囪より出す。囪は、古の窻字。凡よ黒の属は皆黒に従う。」とし、小篆によって已に変形し「囪」「炎」に従い、よって、許慎は誤っ

て字義を煙囱（えんそう）、火煙と燻じて、黑の意と変じた。甲骨文「黑」と莫の形は近いが、異字同形に属す。ただ上下の判別によって兩字を分かつ。「黑」は墨刑の字を刺し墨を塗ることから引申して、黑白の「黑」となり、よって甲骨文の用例で黑色となる。例えば《合集》二九五四四「黑犬。」《合集》二九五〇八「黑羊」。《合集》三〇〇二二「𠦪雨叀黑羊」は下雨を希求して、黑色の羊用いて祭神を来すことを意味する。
金文の「黑」字は地名と人名である。

と述べている。この着想は文革期に封印されていた「古代奴隷制論」の復活の狼煙だったのである。

「黒」字の原義は何か

所謂「黒」を表す甲骨文字は、『甲骨文字字釋綜覧』に拠れば、概ね「⿶凵田」「〓」の二系統に分類できる。「⿶凵田」字は、例えば「⿶凵田犬を埋め…黄牛を卯く」（續二・一八・八）と「黒犬」と有り、陳夢家、赤塚忠ともその字源となる外形を占骨の形とし、陳は、字中の「・」を墨と、赤塚は黒い灼痕と解し、共に占卜に由来していると説いている。また許進雄は、犬を犠牲にした祭り、屠殺法、またその災禍に関する文字と推している。

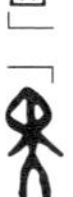

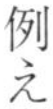

次に、「〓」字については、唐蘭、于省吾、温少峰・袁庭棟が「黒」と為し、本邦では白川静、落合淳思氏らが、同様に隷定しているが、各研究者ごとに、その根拠となる発想を違えている。

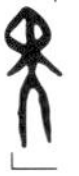

また于省吾は、『甲骨文字釋林』（一九七九年・中華書局　二二七頁）の中で犠牲用の動物の毛の色から黒の義として、その用例、意味を白昼の暗黒と解している。

温少峰・袁庭棟は、『殷墟卜辞研究—科学技術篇』（一九八三年・四川省社会科学院出版社　一三二頁）に於いて「気象の字」とし、白川静は、『字統』（一九九四年・平凡社　三二二頁）の中で、「柬と火とに従う。柬は嚢の中にもののある形。下に火を加えてこれを薫蒸し、黒めてその色をとる意」としている。

また落合淳思氏は、『甲骨文字辞典』（二〇一六年・朋友書店　五七七頁）の中で、動物の皮の象形である莫の略体。これを黒色の意味に用いた理由については、動物の皮革や毛皮の色か、あるいは皮革を意味する発音を用いた仮借（黒・克・革は上古音で同部）かは不明とされ、直に「動物の皮革とするのは、上古音で「黒」と「革」が類似することや、甲骨文字で「莫」と「革」の字形が近いということからの推定であり、確証が得られたものではなく、今後、より適した字源説が出現する可能性はある」と述べている。

以上の先行研究を踏まえて、次章では、甲骨文に於ける形について、再分析していきたい。

甲骨文に於ける〓形──人身供犠と白川説の検証

甲骨文字では、「黒」は明らかに「𦰩（カン）（漢や嘆の旁の部分）」の略体であり、それとの関連で考えなければならず、人の頭部の強調形であるかどうかは、厳しい検証の余地がある。

例えば、白川静は一九五六年に『甲骨金文学論集』（三五九頁）の中で、『釋熯（しゃくかん）』に於いて、「〓」部は巫の両手を縛して火上に焚殺される形とし、

「熯」に當つて巫を焚く習俗があつたことは、左傳僖公二十一年に「夏大旱、公欲焚巫尪」、また禮記檀弓下に「歳旱、穆公召縣子而問然、曰天久不雨、吾欲暴巫、而奚若」等と見えてゐることによつて知られる。熯は旱の意と同時に、これに対する古代の呪術的儀礼を示す字であつた。

と述べている。

さらに徐中舒は、一九八八年『甲骨文字典』（四川辞書出版社　一一一一－一一一三頁）に於いて熯を釈し[1]、

人牲を火上に投じるのを象る形。熯の原字である。古くは人牲を焚き雨乞いをする習俗があった。《呂氏春秋・順民》に「昔は湯、夏に克ち天下を正す。天大いに旱り五年収さまらず。湯乃ち身を以て桑林に禱り、是に於いて其の髪を翦り、其の手を酈し、身を以て犠牲と為し、用て上帝に祈福す。」とある。酈は櫪の仮字、思うに木柙十指によってこれを縛るのである。〓は正面の人形を象り、（大）、（交）などの正面の人形と同じでないが、ほとんど木柙でその頸を縛る形である。あるいは、火を省いて〓に作るが、天が旱り人牲を焚き雨を求め、よって天旱もまた熯とよぶ。

と、旱魃に於いて人身供犠として人牲を焚く意味に解している。

これに対して唐蘭は、一九三四年（『殷虚文字記』八六頁）の時点では、

　从火莫聲

としているが唐蘭の認識変遷については、後述したい。

また赤塚忠は、一九七七年『中国古代の宗教と文化』（研文社　四七四頁）の中で、「暵の原形は、〓・〓に作っている。大きな口を持った怪異な人の形に似ている。その形から推すと、既述の蔑とは別に、旱魃は莫という神怪があって地上の生物を食い尽くすのだという神話があったのかもしれない」と述べ、これら一群の研究者は、〓形を人形と見ている点では共通している。

しかし、落合淳思氏は、暵字を動物の皮革の象形とし、さらに『甲骨文字辞典』で、

　甲骨文字では原義ではなく災害の意味で用いられており、日照りを意味する。「暵」の初文と推定される。この文字を「ひでり」の意味で用いた理由については明らかでないが、あるいは「日照りで死んだ動物が皮だけになった状態」という解釈による引伸義かもしれない。

と異論を唱えられている。

以上の説を踏まえ、甲骨文の〓形の用例に就いて見て行きたい。

甲骨文中の黒・熯・嘆・艱・奚の構造と用字に於ける関連性

例えば、甲骨文の「黒」字は、「黄」や「白」などと同様に原則として単独では出現せず、後ろに犠牲の種別が付くので、色の表現（形容詞）とするのが妥当である。

『殷墟花園荘東地甲骨』〇〇〇六では、

甲辰、夕、歳祖乙黒牡一。叀子祝諾、祖乙泳用翌日舌。

甲辰、夕（夜間）、祖乙に黒牡（黒いオス牛）一を歳（祭祀名）せんか。叀（これ）、子（主宰者）祝して諾せられ、祖乙永（この場合は「およぐ」ではなく平穏を与えること）するか。用いられ（この占卜内容が採用され）、翌日、舌（祭祀名）せり。

とある。因みに「黒牡一」は、「黒いオス牛を一頭」の意味で、もし「黒」が犠牲の種類であれば、「黒一牡一」のようになるはずであるから、そうした記述がないことから用字は形容詞と判断される。他に詳細は不明な、動詞と災厄の用字がある。

次に嘆（熯）字であるが、用例、『殷墟花園荘東地甲骨』〇〇三〇では、

丁丑、歳祖乙黒牝一、卯司。子占曰、未其有至嘆。其戊用。

丁丑（占卜の日付）、祖乙に黒牝一を歳し、卯・司（祭祀名）せんか。子占いみて曰く、未（日付の十二支）は、其れ嘆（あるいは「艱」かも）に至る有らん。其れ戊に用いん。

と名詞「日照り」を示し、また『甲骨文合集』一〇一六四では、

〔辛〕丑卜、鼎（貞）、□不雨、帝隹（唯）暵我。三
辛丑卜して貞う、雨ふらざるは、帝惟（これ）我に暵なすか。三（占卜回数の記録）

と動詞を示す。

また、『甲骨文合集』一二〇九一では、

乙酉卜、禦家暵…下乙五牢、鼎用。
乙酉卜す、禦（守護を祈る祭祀）・家・暵するに、下乙（先王の祖乙）に五牢（家畜のセットか）を鼎用（鼎で煮ることか）せんか。

と祭祀名の意で用いられている。

そして艱字であるが、多く外寇を示し、例えば、『甲骨文合集』二四一九五では、

戊子卜出貞、□日亡来艱。
戊子卜して出（貞人名）貞う、今日、艱の来る亡きか。

とあり、さらに災厄の意味で『殷墟花園荘東地甲骨』〇〇二〇八では、

戊卜貞、微亡至艱。
戊（占卜日の十干）卜して貞う、微（人名）艱（艱難の意）に至る亡きか。

とある。

さらに「奚」字であるが、落合氏によれば、人の頭部に紐が付けられ、それを手で掴む形。紐で繫がれた奴隷を示し、用字は祭祀犠牲に用いられる奴隷。またその祭祀名とされ、他に地名を挙げられている。

例えば『甲骨文合集』六四七七では、

癸丑卜、亘貞、王比奚伐方。

癸丑卜して亘（貞人名）貞う、王奚（この場合は捕虜ではなく臣下の名）を比（＝従）えて方を伐たんか。

とあるが、

「奚」は原義・字源は捕らえられた捕虜や奴隷であり、合集六四七七については「比＝従」の後に来ているので、殷王に従う臣下の名と考えられる。

原義で使われていると考えられる例としては、以下のようなものがあるが、いずれも「人」または「卩」をベースとしており、「黒」や「大」をベースとした字形ではない。

『甲骨文合集』六五一

貞、小母畀奚。

貞う、小母に奚を畀せんか。（畀は祭祀名）

『甲骨文合集』一九七七一

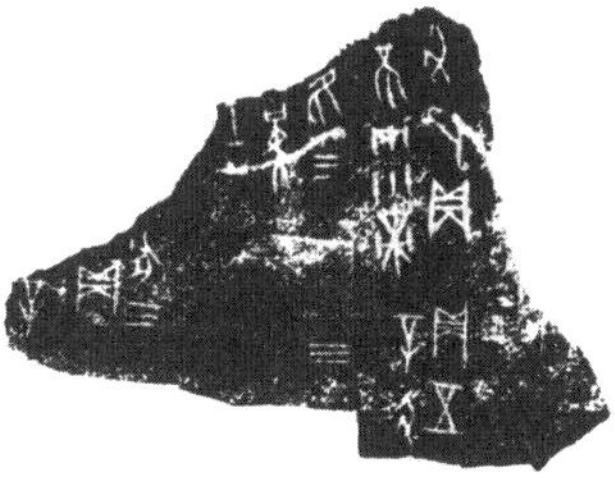

図４　『甲骨文合集』10164

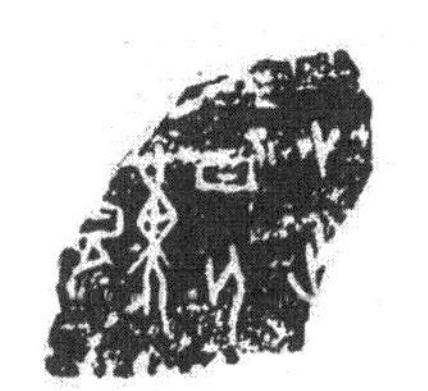

図５　『甲骨文合集』24195

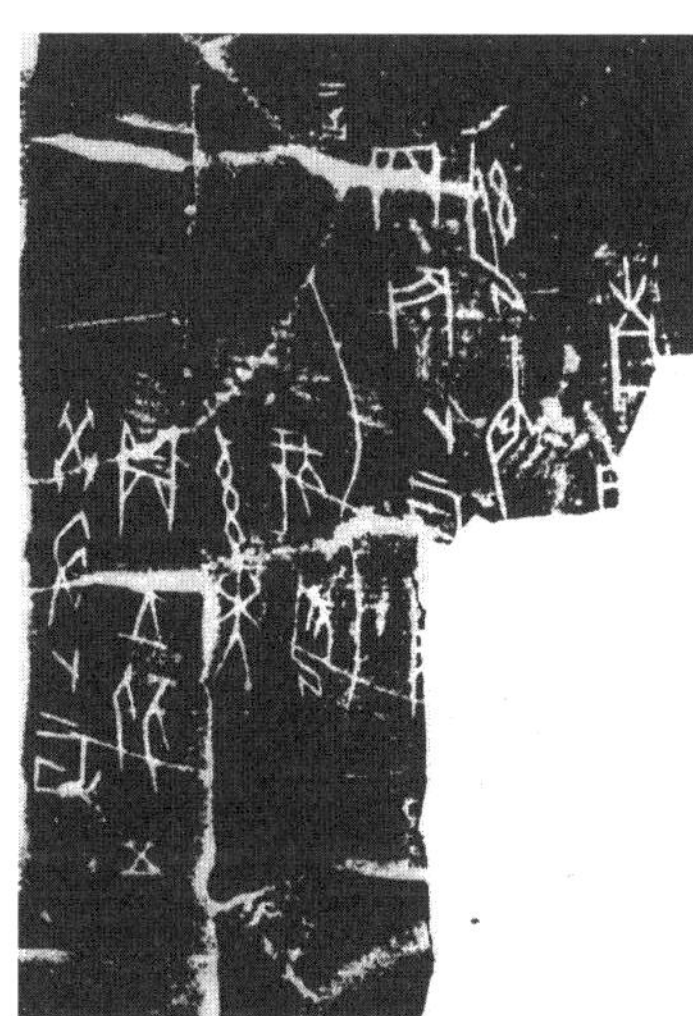

図６　『甲骨文合集』6477

乙丑卜王侑三奚于父乙、三月延雨。

乙丑卜して王、三奚を父乙に侑し、三月、延べて雨ふるか。（「貞」字が省略）

『甲骨文合集』二七三〇六

乙亥卜、其于祖丁、其奚。

乙亥卜す、其れ祖丁に于いてするに、其れ奚もちいんか。

最後に、戭字であるが、当該字はおそらく鉞の異体字であり、この文字から言えば、嘆を人の正面形と見なし、「黒」をその首を切った形と見ることができる。

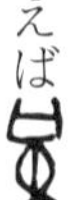

ただ、甲骨文字でが、嘆（ひでり）の意味で使われており、それとの整合性も必要であるが、白川説らの、日照りに犠牲の巫の両手を縛して火上に焚殺される形と解すれば氷解し、巫と黒の関係も指摘できるだろう。

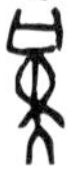

図７　『村中南』319

また落合氏によれば、鉞は、奴隷を表す奚と鉞の象形に従い、その異体字である戭も奴隷を斬り殺す祭祀と考えられ、『村中南』三一九に

辛未卜、戭屯。

辛未卜す、屯（捕虜）を戭（祭祀名）せんか。

とあって、屯が奴隷の名称であることから、劉一曼氏（『考古学集刊』十八　科学出版社二〇一〇年「殷墟近出刻辞甲骨选釋」二一九頁）は墨刑に因んだ牲法と解しているが、総じて

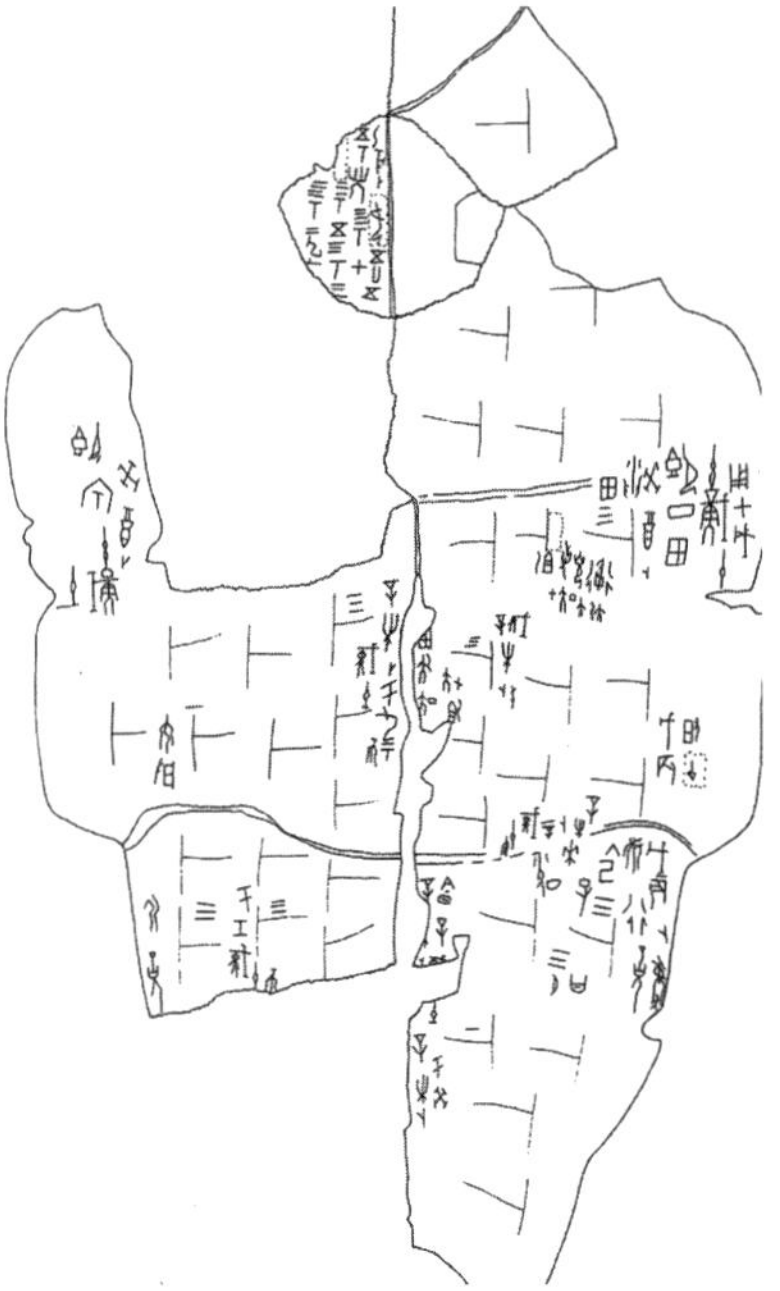

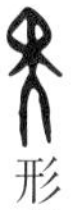

形が奴隷や供犠に纏わる形と推せるところまでは、言えるのではないだろうか。

唐蘭説の批判と検証—文革後の着想を中心として

劉一曼氏が、戭字を墨刑に因んだ牲法と解した根拠には、やはり唐蘭の説が下地になっている。しかし唐蘭は一九三四年の時点では、『殷虚文字記』（八五頁）の中で、に就いて、

莫非黄字、其本義不詳。要之字象人形、則可断言也。

（莫は黄字でなく、その本義は詳らかでない。これは要するに人形を象っていることは、断言できる。）

と、人形としただけでそれ以上の形の字源には論究していない。

唐蘭が、形を黒とし、それを入れ墨刑と解したきっかけは、文革後の比較的自由な言論の許された、一九七六年の金文にあると考えられる。

唐蘭は、先ず文革末期の一九七二年から研究発表を再開し、一九七六年に「中国奴隷制社会的開始時期」を発表、その後同年に当説を発表していることは、現代中国文字学研究史として、一つのトピックと言えるだろう。

金文に於ける墨刑

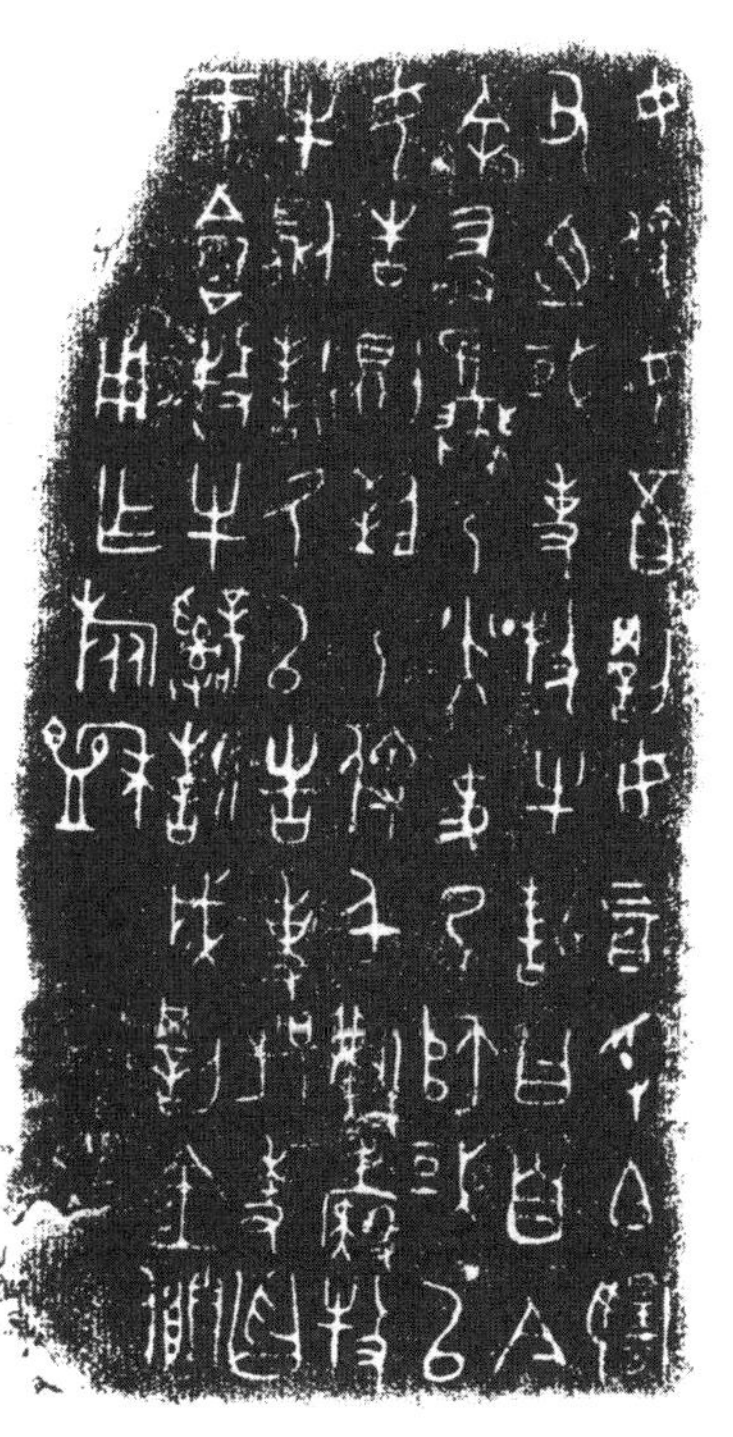
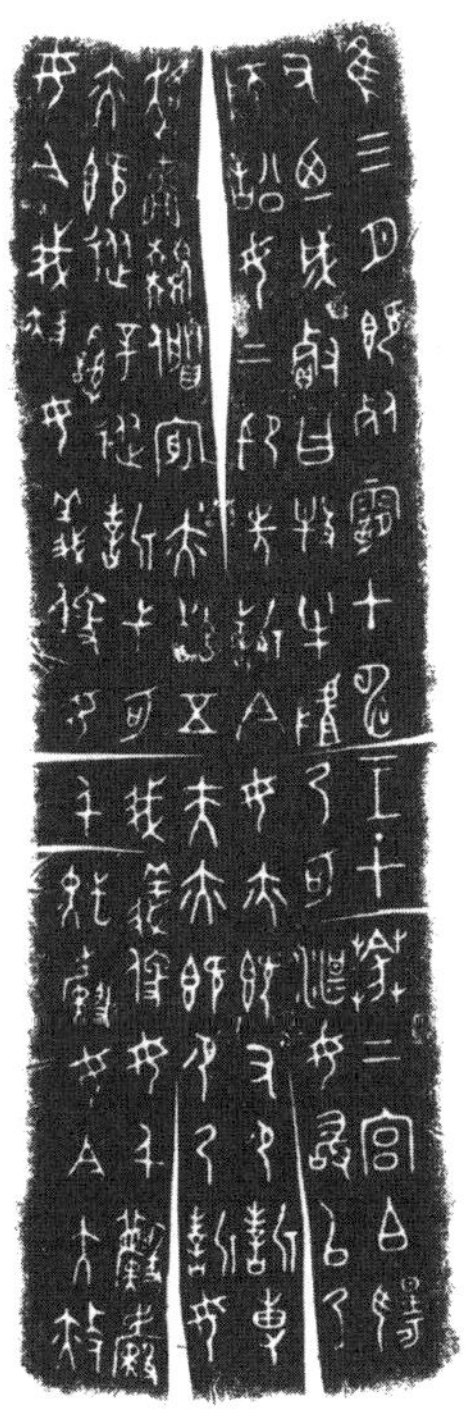

図8

金文の用例「僩匜」銘文については、発掘簡報として唐蘭や李学勤が注釈と釈文を施し、小さな相違はあるが、概ね主要な方向性は一致している。本文の主要な紹介は、唐蘭が一九七六年に《文物》に於いて発表、《陝西省岐山県董家村新出西周重要銅器銘辞的訳文和注釈》（五五頁）中で翻訳している。

日本語訳すると、

三月既死覇甲申。王は莽邑の上宮にあり。伯揚父が弾劾文を下して言うには、牧牛よ！あなたは誣告によって厳しく非難された。

あなたはあなたの師と訴訟を起こし、あなたは以前上邘にて誓った。あなたは今また誓いを違えた。今あなたはすでに誓い、嗇まで儺に会いに行き、この五人の奴隷をささげた。すでにあなたは誓いの言葉を行い、あなたはすでに訴訟の内容に従って、誓約に従った。私はあなたに一千の鞭打と、墨刑を施すべきところを、今私はあなたを許した。一千の鞭打と墨刑を施すべきところを、今あなたを大赦して、五百の鞭打と、銅三百を罰とする。伯揚父は牧牛に誓いを立てさせて言う。今後、私は大小の事にわたってあなたをおさめる。あなたの師がまたあなたを訴えたときには、あなたを一千の鞭打と墨刑を施す。牧牛は誓いを立て、これを事（吏）䚘と吏曶に会にて告した。牧牛の訴訟事件はすべて決まった。銅を罰した。儺は（これをしるす）旅盉を作った。

となる。

またこの金文の（黷）（黰）（黜）の三例について、唐蘭説では、はもと黖黖、つまり黷黰で、墨刑の一種である。黖字は、まさに黒に従う㱿の声、㱿字と蔑字は、一つは殳に従い、一つは戈に従う、同一字の不同写法である。黖字は黒、𣪊に従う。『説文』に屋字の古文は𡍬に作り、上面の声は、この声であり、これも殳に従い、ともに剭に通じ、いわゆる黰字である。黷黰の両字は黒に従い、まさに墨刑であるとする。

または、もと黜黖に作り、黜字は黒に従い𡳿に従う。𡳿字の甲骨文は屮に作り、上半部は止字と同じで、虫身を象らない。説文誤って屮に従い、𡳿に作る。古書に黜字は無くまさに黜字である。𡳿の声が出に近く形も類似している。黜字は『説文』で「貶下なり。」とあり、廃遂、罷免の意味である。以前は黜字がなぜ黒に従ったか説明できなかったが、今は黜が墨刑であり、明白である、黜黰はただ官職の罷免であり黷黰の軽いものと解した。

つまりそこに表れる墨刑を意味する「（黷黰）」「黜黰」という文字構成に、「黒」

が見られることが、唐蘭説の根拠を補強していたとも考えられる。

唐蘭の金文注釈の中では、黒子鄘伯簋ではに作り、もと本象正面の人形（即大字）、面部に墨刑された人、铸子叔黑簠は、に作り、両臂上下に等しく装飾性の点を入れ、『説文』が炎に従うとしたのは、間違いである。まさに黒字の原義は墨刑された人であり、よって墨刑の文字は黒に従い銘文の[illegible][illegible]黜三字、『説文』の黥字『梁律』の黵面の刑がそうであると述べている。

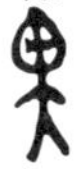

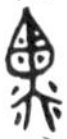

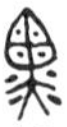

『説文』の「火の熏ずるところの色。に従い炎、上は囪より出る。四、古くは窻字。およそ黒の属はみな黒に従う。」は、甲骨・金文から系統立てると、は鬼火であり(2)、それなりの説得力はあるが、両説現時点では、拮抗しているといえよう。

しかしこの金文の意味、字形要素から甲骨文の（黒）字の字源、入れ墨とする見解は、それなりの道理がある。但し、なぜ金文から装飾の・が付されたのか。混同を分ける為か、異字との分別の為か、釈然とはしていない。

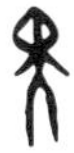

唐蘭説からの展開

更に唐蘭説を受けてか、翌年一九七七年九月、沈文倬は「𠬝与耤」『考古』（三三六頁）の中で、「墨面或いは墨額があるのを、卜辞の（拾一・四）、彝銘の（三代吉金文存　鋳子簠）字、黒を用いて墨とした。今字は黥に作り、韋昭『国語注』の「刀を以て其の額を刻し墨にて之を涅す」である。

鐵雲蔵亀拾遺（図9）

三代吉金文存（図10）

と甲骨文、金文の「黒」字を墨刑と解釈している。

しかしその用字は、いずれの黒も、色彩か、固有名詞に過ぎない。

つまり、甲骨文に於ける「黒」字の用例は、殆どが色としての黒の意味であり、敢えて言えば「花三五二」に

　于挿黒、左。

　挿に于いて黒するに、左なるか。

と、動詞の用例が見られるが、現段階では、それ以上は想像の域を出ないと言えるだろう。

またこの金文の（黷）について、龐懐清は墨刑としながらも、「黷」字を墨刑の後世の代替え、黒布をかぶせると解せると疑義を挟み、唐蘭説では、その説を批判的に継承しつつ、墨刑を施した後に、二重に黒布をかぶせるとしている。

この黒布をかぶせる解釈は概ね、唐蘭の言うように『尚書大傳』の

下刑は墨幪なり。

や、『漢書』刑法志の(3)

善乎孫卿之論刑也、曰「世俗之為説者、以為治古者無肉刑、有象刑。墨黥之屬、菲履赭衣而不純、是不然矣。

荀子は刑罰について当を得た議論をしているではないか。彼が言うには、世俗の説によると、上古の治まった世には、肉刑がなくして象刑があった。その象刑は、墨黥のたぐいや、草で作った履物を履かせたり、裁ち切りのままの赤い着物を着せたりすることで専一でなかったとするが、それは正しくない。

と荀子にある墨刑を象刑（肉刑でなく、刑罰象徴の表示）とした説に拠っている可能性が高い。また『銘文選』も注記の通り、黒布をかぶせるとする。(4)

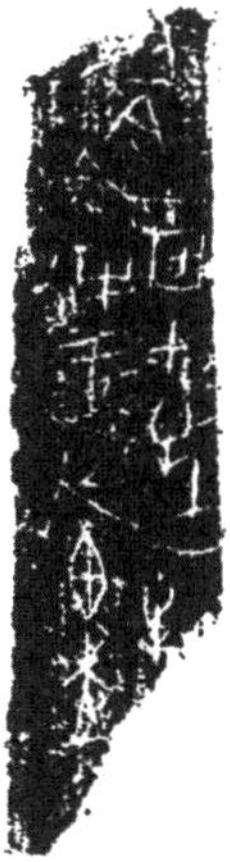

これら（⿰黑蔑）（⿰黑屋）（黜）の解釈を一覧すると、

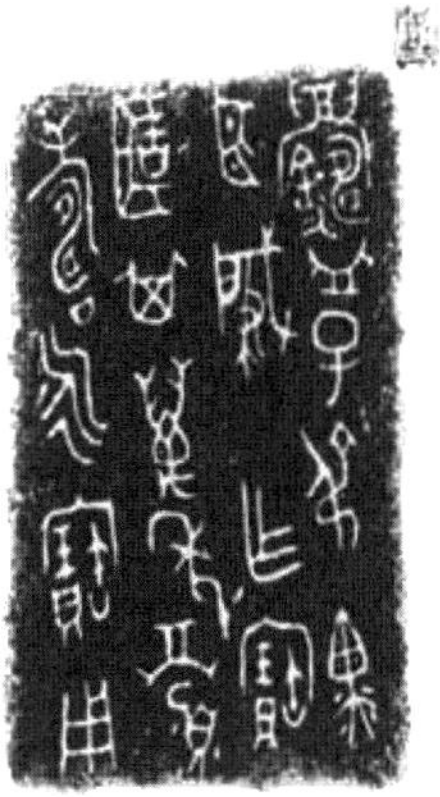

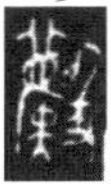

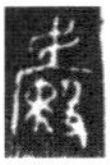

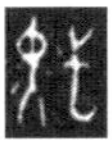

盛張、李学勤、劉翔、宋鎮豪らは、字義要素の「黒」を唐蘭に拠り墨刑と釋し、些少隷定を違えているが、概ね墨刑と解している点で共通する。

つまり、唐蘭説はある種の説得力と、権威を有していたと言えるだろう。

図9

図10

白川静の唐蘭への反論と止揚

白川静は、字に就いて、『金文通釈』補釋篇十一、二八七頁に於いて、唐蘭説に異議を唱え、嗀䖒を文物に墨刑とし、央形の字を黒と見ているが、央形の字は莫の従うところと同じく叉手して縛に就く形で、これに火を加えるものを莫、すなわち焚巫の象である。嗀は央の上部に媚飾の形を含む。墨刑を示す時には妾、童のように上部は辛形に従う形に作る。いまこの両字は攴に従うており、朴刑を加えて追放する儀禮を示すものであろう。

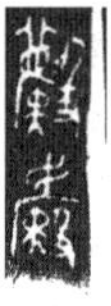

としている。つまり、の内部のを黒と墨刑を加えた人形と見るか、莫と焚巫の象と見るかで見解を違えている。

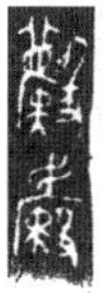

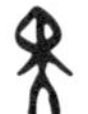

しかし、先に確認した白川の「釋嫫」に於いて、「」部は巫の両手を縛して火上に焚殺される形とする説、また戴字説とを勘案し、その焚巫に入れ墨を加えていたとすれば、両義は止揚されるものと考えられないだろうか。

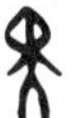

ともあれ、何某かを焼くという行為が、他界と繋がる方法であったと民俗学的には考えられる。

古代の黒とは

再度述べると、従来の「黒」字源解釈の問題として、二系統の甲骨文字、〓形と〓形に分類できるが、「〓」字は、陳夢家、赤塚忠ともその字源となる外形を占骨の形とし、陳は、字中の「・」を墨と、赤塚は黒い灼痕と解し、共に占卜に由来していると説いていることから、『周礼』占人に、

　史は、墨を占う。

と祖先と消息を通じ合う占卜のときに、まちかたに墨が加えられたという事象に収束したものと考えられる。更に〓形の黒に就いていえば、その字源と用字の関係は、一九七〇年代中期、文革後の唐蘭らの批判と検証やその互証から、入れ墨刑人形と解されるようになる。

ただその根拠は金文の〓、〓、〓形に因り、当時、装飾を意味する「・」、入れ墨か定かではないが、「・」が振られ、その入れ墨の黒色の装飾点の存在の有無から、当時の文字形の意味の分化進展に伴い、象徴化が求められたと考えられる。

甲骨文、金文ともに唐蘭「黒」字説の可能性を考えるなら、文革からの反動を差し引いた上で、通底する更なる変遷を窮理しなければならない。

また近年の文字学の成果をふまえ、入れ墨刑を表す字義解釈として、その字源だけでなく、用字の分類も喫緊の課題である。

その場合、その時代に支配的な用字の発想の内実と個別事象的な発想で止まったものとの整理が今後の用字

研究の一つの方策となる、ということは言えるだろう。

殷代の形と供犠と殉葬

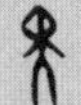

唐蘭の説によれば、金文の墨刑字、字の構成要素としての存在からの逆推によって、形が殷代に於いて「黒」を表す所以は、その入れ墨の色によるものとなる。

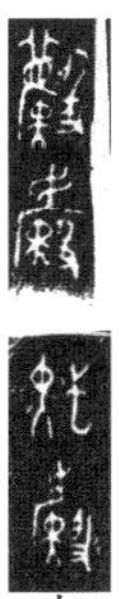

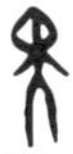

また甲骨文の（黒）字は単体としては、ほぼ色彩を表すものの、熯と燎（）などは、供犠に焚かれる人形であるという説や、「奚」は原義・字源は捕らえられた捕虜や奴隷、更に戮字については、劉一曼氏は墨刑に因んだ牲法と解しており、総じて形が奴隷や供犠に纏わる形と推せるところまでは言えるだろう。

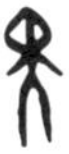

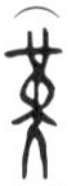

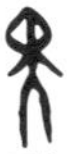

つまりさらには『楚辞』招魂に、

彫題黒歯、得人肉以祀、以其骨為醢些。

〈楚国の南で〉額に入れ墨し、歯を黒く塗って、人肉をえて祀り、その骨を塩漬にする。

とあるような、当時の供犠の様子が想像できないだろうか。

次章からは、当時の入れ墨と供犠、刑罰、殉葬の有り様を探索していきたい。

注

（1）象投人牲於火上之形。為熯之原字。古有焚人牲求雨之俗。《呂氏春秋・順民》「昔者湯克夏而正天下、天大旱五年不収。湯乃以身祷于桑林、於是翦其髪酈其手、以身為犠牲、用祈福于上帝。」酈者榧之假字、謂以木柙十指而縛之也。象正

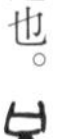

面人形與（大）、（交）等正面人形不同者〓、殆象以木柙其頭而縛之也。或省火而作、同。天旱則焚人牲求雨、故天旱亦稱熯。《說文》熯、幹皃。從火、漢省聲。《詩》日「我孔熯矣。」

（2）〓は鬼火。

粦

『說文解字』卷十、炎部　良刃切

兵死及牛馬之血爲粦。粦、鬼火也。从炎、舛。

『說文解字注』

列子天瑞曰。馬血之爲轉鄰也。人血之爲野火也。張注。此皆一形之內自變化也。淮南氾論訓曰。老槐生火。久血爲燐。許注。兵死之士血爲鬼火。見詩正義。高注。血精在地暴露百日則爲燐。遥望炯炯若然火也。又說林訓曰。抽簪招燐。有何爲驚。高注。燐血似野火。招之。応声而至。血灑汙人。以簪招則不至。博物志。戰鬥死亡之處有人馬血。積年化為粦。粦著地入草木皆如霜露不可見。有触者。著人体便有光。拂拭便散無数。又有吒声如煼豆。

（3）善乎孫卿之論刑也、曰「世俗之為説者、以為治古者無肉刑有象刑。墨黥之属、菲履赭衣而不純、是不然矣。以為治古、則人莫触罪邪、豈独無肉刑哉、亦不待象刑矣。以為人或触罪矣、而直軽其刑、是殺人者不死、而傷人者不刑也。罪至重而刑至軽、民無所畏、乱莫大焉。」

（4）〓〓　〓〓字書所無、〓字从茴、茴即曹省声、夢字之所从。與幪為声転義通字《説文・巾部》「幏、蓋衣也。」所以〓応当就是《尚書大傳》「下刑墨幪」之「幪」。〓、銘字上部所从之声旁与《説文》屋字古文之臺上部相同、銘字又从殳、與从刀之劅通、応即黳字。《玉篇・黒部》「黳、乙角切、刑也。或作劅。」晁説之《易詁訓伝》引京房云「刑在頄為劅」。頄是顴骨、劅刑在面、也就是墨刑。《周礼・秋官司寇・司刑》「墨罪五百」鄭玄注「墨、黥也。先刻其面、以黒窒之。」楊倞注「世俗以為古之重罪以墨涅其面而已、更無劓刵之刑也。或曰、墨黥当為墨幪、但以黒巾幪其頭而已。」〓〓是一種象徴性的墨刑。

第二章　古代中国とヨーロッパに於ける供犠、呪術としての刑罰の対照

供犠の実態——郭説を端緒とする殷代墨刑説の展開

郭説に於いて中国古代の奴隷制とそれに付随する形で墨刑についてメスが入れられ、更にそこから白川静は、殷に於ける入れ墨社会を夢想した。また陳仁濤は、当時の文物に見られる文様を入れ墨と解釈しており、その説は入れ墨社会論を補強しうると言えるだろう。ただし籾山明氏は、殷代に於いてそれが刑罰として存在したことについては、根拠が皆無に等しいとして、当時の墨刑の有無については、棚上げされている。私は拙著『書論の文化史』に於いて、古代中国の刑罰、処刑の意味を問い直した上で、入れ墨刑についての新たな解釈、仮説を提起した。ここでその説を披瀝したい。

また本章では東洋と西洋、次章では、古代学と民俗学を照合することを目的としていることもここに明記し、古代中国と現在の中国辺境の少数民族が残す習俗との関係を読み解き、彼らが当時の原住民であったことも想定しておきたい。

古代中国に於ける刑罰とは

刑罰とは、罪を犯したものに加える制裁であることは言を俟たないが、それは歴史的に形成されたものであり、「罪」という観念自体、その背景となる文化、時代によって多くの分類がなされるべきであろう。よってここでは古代中国に於ける刑罰の原初形態を探ることに目的を限定し、後に「入れ墨」の刑たる所以を論ずる序節としたい。

そもそも刑罰とは、一つの共同体という認識を前提として存在するものであり、それが他の民族に施行される場合は「実力制裁」、いわゆる「戦争」という状況が想定される。また特に中国王朝時代にあっては「王」に対する咎がそのまま刑罰の対象になることを忘れてはならないだろう。『書経』尭典に、

帝曰、皋陶。蠻夷猾夏、寇賊姦宄。汝作士、五刑有服、五服三就、五流有宅、五宅三居。惟明克允。

帝がいう、皋陶(こうよう)よ。野蛮なものどもが乱れさわいで、他人を害い傷つけたり、他人のものをかすみ取ったりしている。そなたは士となって、悪人どもをその犯罪の程度によって五刑につけ、五刑につけたものを三つの場所で処分せよ。また五種の流罪にすべきものはそのどれかにおき、それぞれ国外の三つの地方におられるようにせよ。刑罰を行うには、その罪状を明らかにしてよくその刑が適当となるようにせよ。

とある。五刑とは、入れ墨、はなきり、あしきり、去勢、死刑のことであり、蠻夷(ばんい)(野蛮な異族)に対しての入れ墨刑が確認できる。さらに『国語』晉語六で范文子によって、

夫戦刑也、刑之過也。

戦争は刑であり、その国の過ちを刑するのである。

と明言されていることからも、当時の兵刑未分の状況を窺うことができ、それが法強制の手段としての刑ではなく、敵対者に対する力に訴えた実力制裁であったことが見て取れる。

　ではこれら被刑者となる敵対者、つまり戦争に於いて敗北を喫した異族の行方を辿ってみると、『春秋』経文・昭公十一（前五〇七年）に、

冬、十有一月丁酉、楚師滅蔡、執蔡世子有以歸、用之。

冬の十一月二一日、楚の軍が蔡を滅ぼし、蔡の世子有を捕えて連れ帰り、これを用いた。

とあり、その杜注に

用之、殺以祭山。

これを用いたとは、殺して牲として山を祭った。

と、山を祭るいけにえに用いられている。さらに『春秋』経文・僖公十九年（前七〇〇年）に

己酉、邾人執鄫子用之。

六月二二日邾(ちゅ)の人が鄫子を捕え、これを用いた。

とあって、その『公羊傳』に、

惡乎用之。用之社也。其用之社奈何。蓋叩其鼻以血社也。

どこにこれを用いたのか。これを社に用いた。そのこれを用いたとは、どのようにしたのか。その鼻を叩いて社に血ぬった。

とされ、五刑の一つの劓刑が、人血を社廟に塗布する風習として行われていたことが確認できる。このように

社廟や礼器、武器、楽器、さらに亀卜の際に塗血する風習は、神聖化を目的とした儀礼として古代中国で広く行われていたようである。

以上のように古文献に散見する刑罰の実相を見ると、それは敵族に対する実力制裁としての一面を有し、帰するところは「祭祀」であったことが確認できる。

祭祀儀式と処刑

先に古文献に見られる刑罰関係資料から、当初の刑罰が、即ち異族への実力制裁であり、さらにそれらが祭祀空間の中で施行されていたことを垣間見た。ここではこれらの事象を前提とし、時代をさらに遡って殷代に特定し、甲骨文中に見える刑罰の実態について確認し、その中での墨刑について考えていきたい。実は五刑の「五」という数字は、戦国期以来の観念であり、殷代にはそういうカテゴリーではなかったと考えられる。ともあれ先ず五刑中の「宮刑」について、甲骨文の用例に

庚申卜、王［貞］、朕[illegible]羌死。（前・四・三八・七）

庚申に卜（うらな）い、王［が貞（と）う］、我が去勢した羌は死んだかどうか。

とある。この事例について注意すべきは、その対象が「羌」族であることである。後に見るように甲骨文に於いて羌族は戦争俘虜として神への人身供犠に用いられる象徴的な氏族であった。よって先に見たように刑罰が敵族への実力制裁であったことがここでも確認できると言えよう。またこのように征服した俘虜から男性のシンボルである性器を断ち切ることは、戦闘意欲の喪失や彼等の絶対服従を誇示するとともに、生殖機能を失うこととなり、延いては異族の血族、子孫を絶やすことに繋がるという意味でも、儀式性の強い刑であったと考えられる。次に「大辟」つまり「殺」であるが、ここでは当時の主要な死刑が斬首であったことから、その行為を示す「伐」字の用例を分析したい。甲骨文に、

甲辰貞、又且乙、伐羌十。（粋・二四六）

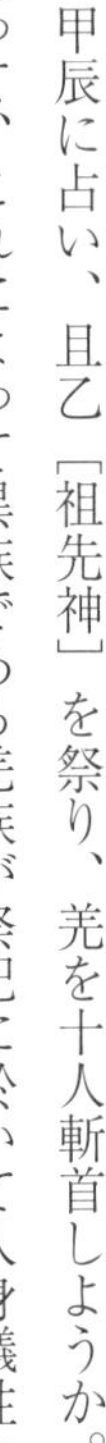

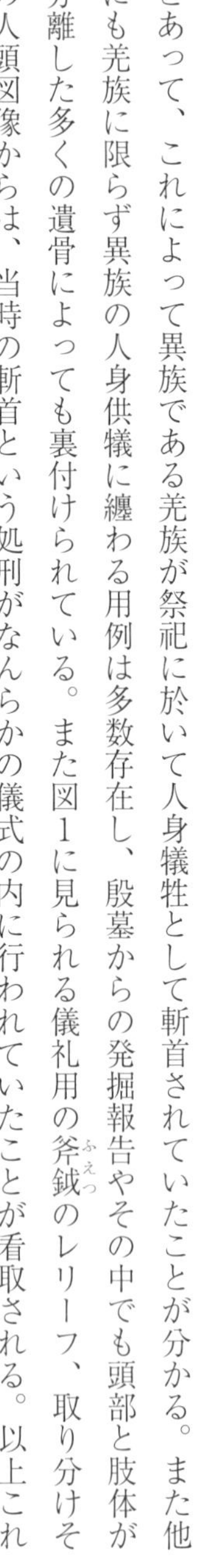

甲辰に占い、且乙［祖先神］を祭り、羌を十人斬首しようか。

とあって、これによって異族である羌族が祭祀に於いて人身犠牲として斬首されていたことが分かる。また他にも羌族に限らず異族の人身供犠に纏わる用例は多数存在し、殷墓からの発掘報告やその中でも頭部と肢体が分離した多くの遺骨によっても裏付けられている。また図1に見られる儀礼用の斧鉞（ふえつ）のレリーフ、取り分けその人頭図像からは、当時の斬首という処刑がなんらかの儀式の内に行われていたことが看取される。以上これら古代刑罰の実態から、入れ墨刑、つまり「墨刑」についてもその儀式的要素を抽出する必要があるのではなかろうか。また図2に見られる神獣と目される動物が、人頭を食らわんとしている図像様式は図3の鼎の耳の部分にも見られ、その儀式について多くのことを示唆している。

図1

図2

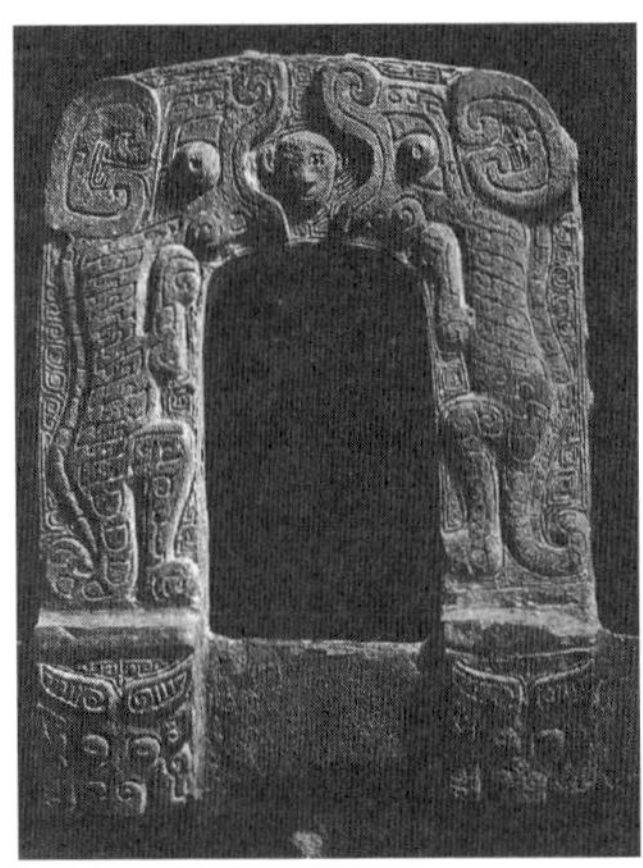

図3

古代ヨーロッパの処刑との比較

ここで目を一度西洋に転じてみよう。ヨーロッパに於いても古代の処刑は供犠であったからである。例えば、中世史料によれば、古ゲルマン時代に於いて、再生の呪術や通過儀礼として処刑が説明されている。

イエスが十字架の上で息を引き取ったとき、太陽が隠れ、大地が揺れたと言われるように、東洋の天人相関説を思い起こさせる物語がある。人間の許し難い犯罪に対して、自然も反応すると考え、特定の儀式（呪術）によって、自然を宥め、太陽を呼び戻し、大地の実りを再び豊かにしなければならなかったということであろう。

例えば逆さ吊りの際、受刑者は衣服を脱がされ、目を布で覆われた。古い慣習では頭を剃り、身体全体をタールで塗られたようである。

なぜなら、髪の毛は生命力のしるしであり、犯罪も力のあらわれであったからで多くの場合、犯罪者の頭は剃られている。頭の毛を剃るのは、本来力を抜くための呪術であり、後に供犠の一部になったという。

つまり、聖なる供犠の前に身体を浄める為の儀式だったということである。

先に見た殷墟の斬首刑に処された斧のレリーフ、それに添えられた首も、坊主頭であり、また後にみる墨子集団も坊主頭であったと言われている。時代や場所を超えて、人類が共有する慣習があったのであろうか。

従来の墨刑解釈と入れ墨の本義

先行研究に於ける中国古代に行われた「墨刑」の刑罰としての根拠を巡る議論をみると、凡そ幾つかに類型化できる。それは

1　入れ墨を施される際の身体的苦痛及び精神的侮辱
2　民事死実現のための刻印
3　夷狄の習俗である文身（入れ墨）を施すことによる漢族からの追放
4　捕らえた異族に文身したのち隷役に

の大まかに四つに分類できる。因みに入れ墨は、漢語で「黥（げい）」や「文身（ぶんしん）」とも呼ばれる。ところで以上の説は、中国史全体の時代変遷の中で段階的に位置付けると、何れも妥当性を有するものと言えるが、その原義を考えたとき批判は可能である。つまり反証として殷代以前に於ける入れ墨の有していた聖的な意味合い、例えば甲骨文の「文」字が挙げられる。上字について、多くの先達がその字形を「文身を施した人形」と解しており、また白川静は「奭（せき）」字も同様とし、その用例が宗廟に於いて先王を祀るのに冠することが多く、文身が当時にあって最高の権威と神聖性とを表象するものであったとみている。また入れ墨用の針を示す「辛」字が罪に関する字義要素に多く用いられたことは言を俟たないが、それが殷の正名である「商」の上部のかたちに相

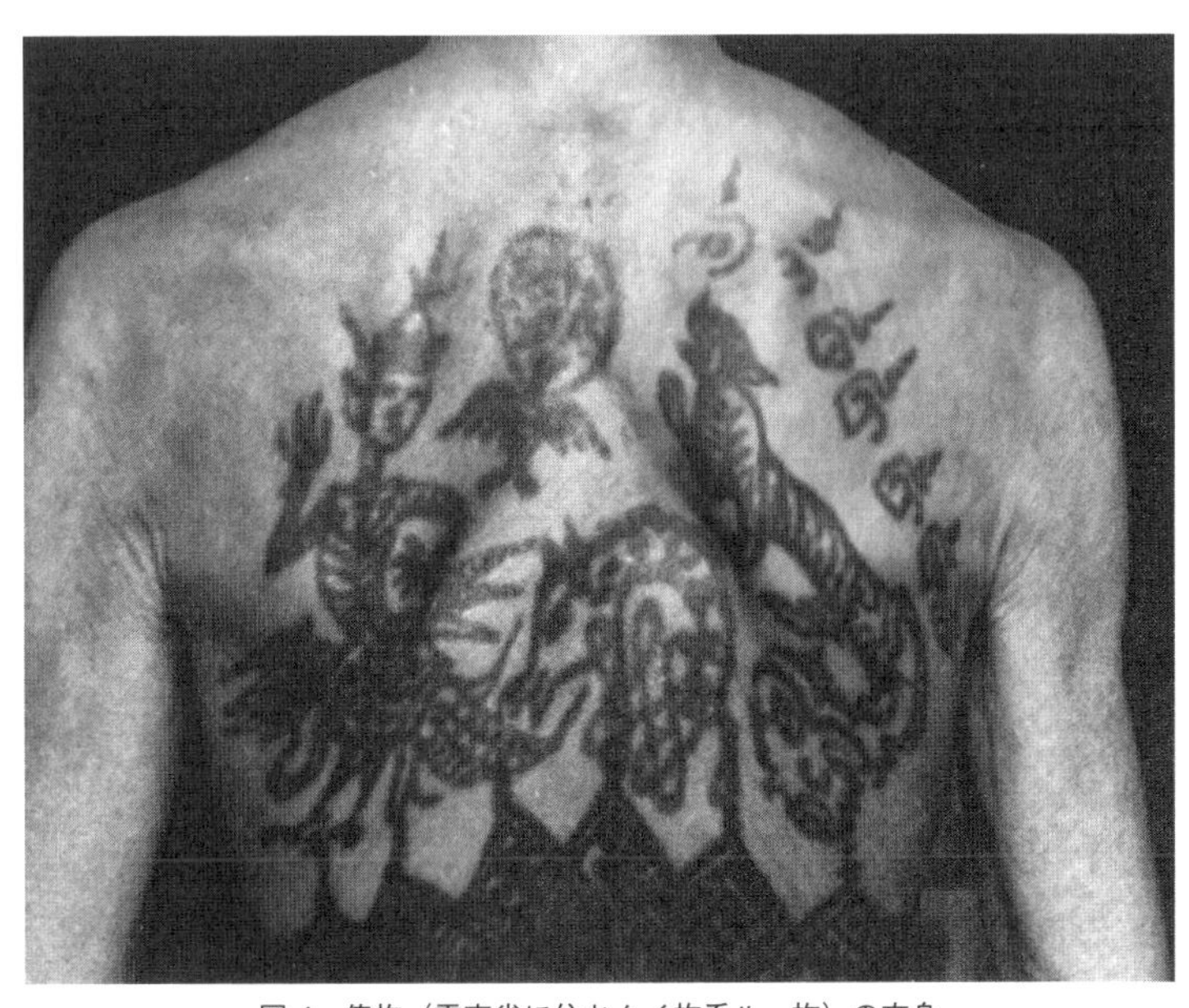

図４　傣族（雲南省に住むタイ族系ルー族）の文身

当し、王朝の刑罰権と神聖権を示す儀器をあらわしているとする見解もある。また文化人類学的な文身の意義を考えると、それは二系統に分類され、潜水漁撈民に見られる龍などの呪的な龍文身系列と、種族の紋章、祖先との関係を示す死や他界の意味が重要な役割を果たす文身他界観系列とされており、さらにそれが始祖としてのトーテムを意味したとする例証が存在する（図４）。

これらのことから殷代に於ける入れ墨の刑たる所以は、従来の説を根底から覆しかね、別の解釈、つまり聖俗が混濁する時空を想定する必要があるのではなかろうか。

人身供犠と「食」

神獣が、人を食らうという文献に於ける用例は、『山海経』（せんがいきょう）に頻繁に現れる。たとえば「中山経」に、

有獣焉。其名曰馬服。其状如人面虎身、其音如嬰児。是食人。

獣がいる。その名を馬服という。その顔は人間のような顔をしていて体は虎、その鳴き声は赤子のようである。この獣は人間を食う。

とあって、「海内北経」には、

窮奇状如虎有翼。食人従首始。所食被髪。

窮奇は形が虎のようで、翼を持つ。人を食うとき頭から食べ始める。食べられ者は髪を振り乱している。

とあり、枚挙に暇がない。

また社廟に犠牲（いけにえ）を供することを「血食」「廟食」ということからも、当時の祭祀と「食」の観念の関係性が如何に重要であったかが見て取れる

そして祭器にみられる人身を食らわんとする神獣図像は、当時の祭祀裡に人身供犠が行われたことを如実に示している。以上のことを前提として図5・6に見られる斧鉞に施された口や牙を考えれば、それが「食」という行為と直結していたことは明らかであろう。サラ・アランはこれらの図像解析の結果として、儀礼の中で食べることと犠牲を捧げるために首をはねることは、同等視さていたという見解を提出している。宗廟に生け贄を供える「血食」や現実に敵族を食さんとしたいくつかの文献事例は、中国に於けるカニバリズムの系譜と

ともに儀礼の実態を示す傍証となるのではなかろうか。よって当時の処刑という儀式が人身供犠の一環として行われ、それが神獣に「食」されることに収斂されていくと考えられる。

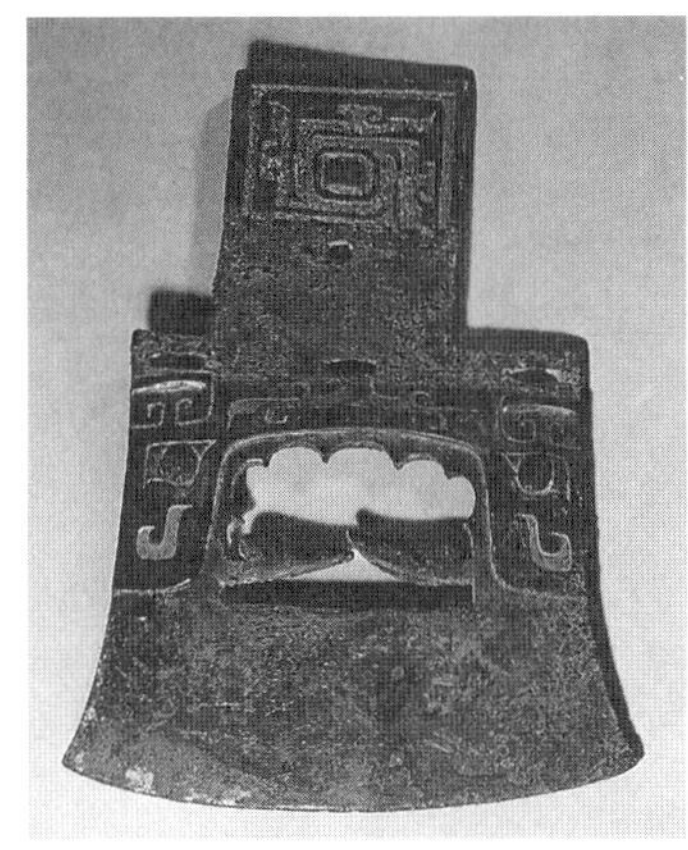

図５

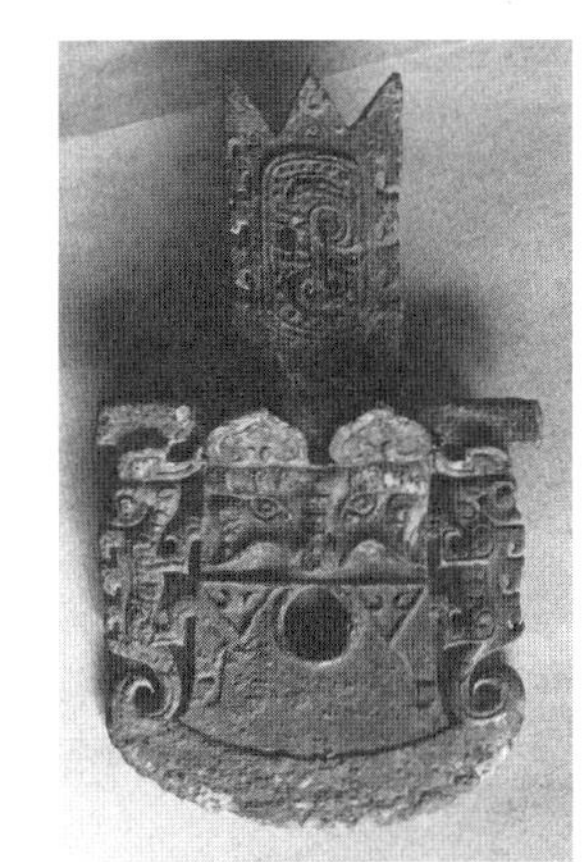

図６

西洋、東洋の供犠の終焉と宗教

十字架刑は、キリスト教によって全世界に知られたが、本来はアッシリア、ペルシア、ギリシア、カルタゴ、ローマなどで行われたものであり、西欧中世ではあまり見られなかった。十字架刑は叛乱者と奴隷に対する刑であり、中世ではユダヤ人が犬とともに十字架刑に処された。

また斬首刑は、イングリンガ・サガでは飢饉の時に国王が犠牲として神に捧げられたが、その際王の頭を切り落とし、祭壇はその血で赤く染められたと言われる。ゲルマン人においてもローマ人においても斬首は供犠であり、犠牲を受け取るのは雷神であった。

雷神の斧が犯罪者を聖別し、古くから霊の住むところと見られていた頭を神に捧げ、神に受け取りやすいようにされたのである。また生き埋めも、供犠として行われたようである。

このような、刑罰としての供犠の終焉と宗教の成立は、密接不可分の関係にあり、それがキリスト教や墨教の誕生の背景にあったのではなかろうか。

墨刑の新解釈

古代中国に於いて、トーテミズムという観念に相当する実態が存在したかどうかという議論はあって然るべきであろうが、個々の痕跡から動物若しくはそれに類する生き物を神聖と考え、それらに供犠をしていたことに異論はなかろう。例えば入れ墨によって龍形に象ることは、それがかれらのトーテムであるからであり、換言すれば、自分が「龍種」であり、「龍性」を備えていると考えたからであろう。またそれは種族の紋章をも象徴したものであったと解釈される。

前節までみてきたように刑罰が戦争であり、処刑が神への人身供犠であった時代には俘虜・奴隷が神への生け贄、スケープゴートであり、その聖俗混濁する食人儀式が祭祀の一環として行われていたのであろう。それを踏まえれば図7の青銅刀、図8の卣（ゆう）、図9の青銅器、觥の脚部の人物にみられるモチーフも腑に落ち、さらにそこに施されている入れ墨こそ、墨刑の原形と考えられる。因みに図8の入れ墨はミクロネシアの文身系列で解消できよう（図10）。ただ第一章の図2と同様に食されるものの背に、また食す神獣に饕餮の表象が複数個所施されていることに注意したい。人身供犠に於いて何故に、入れ墨を施す必要があったのであろうか。それは『左傳』僖公十（前六九一年）に

神不歆非類、民不祀非族。

神は非類のものを饗（う）けないし、民は他族の祭りをしない。

とあるように、同類でないと「饗（う）け」ない神に対して、供犠の際にその紋章を示す入れ墨を、聖化し食しても

らうための不可欠の装飾として施したものと考える。であるならば、入れ墨を忌避する「身体髪膚」観念は[1]、かなり古い時代に求めるべきであろう。

また文身他界観系列では、死者は死者の国の入口で文身の有無を検査され、文身という通過儀礼を済ませたものだけが入ることが許されることも傍証となろう。

またポリオネシアのダヤク族にとっての入れ墨は、死の直後に経験する「真っ黒な闇を照らす」ための光、その境界の川を渡る際に不可欠な表象だった。それがないと魂は彷徨い、精霊が川を渡る丸太をひっくり返して、蛆に食わてしまうという伝承が残されている。

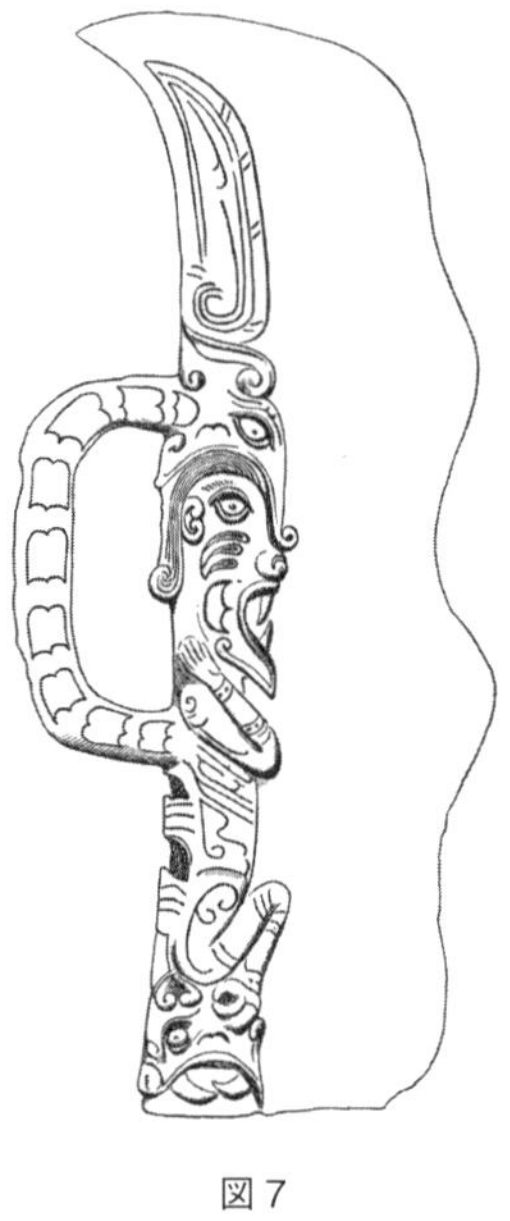

図7

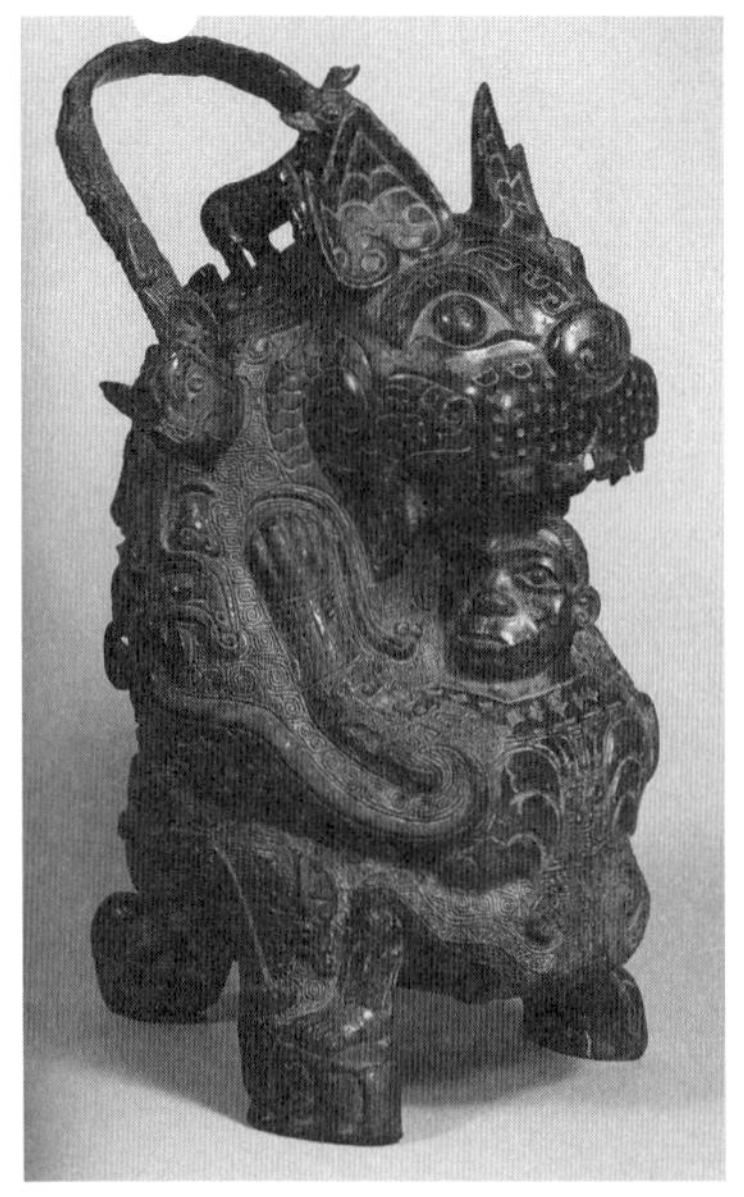

図8

エリアーデと聖なる力の周期的再生

郭沫若の古代ギリシャのアテネを典型とする古代ヨーロッパの奴隷制社会を無前提に普遍化した、殷代奴隷制社会論によって、その奴隷に施される入れ墨に目が向けられたことを起に、当時の入れ墨の俗、賤的、奴隷的な負の役割りについて啓蒙され、さらに後の研究者によって文物や他の文字の考証、文化人類学、民俗学的な研究に拠って、その逆の意味合いと聖的な側面にも光が当てられた。

私論では、その両極の結合点を、当時の刑罰の内実、「供犠」というトポスに求めたが、それはエリアーデの言う「聖なる力の周期的再生」「再生のための供犠は、創造の儀礼的くりかえし」に求めるべきではなかろうか。

血と殺戮と豊饒との相関思想の中で、古代中国は、「再生」を繰り返していたのだろう。

それは、中国に於いても「儀礼」という形態であらゆる変貌を伴いながら収束し、継承される宿命にあったとも想像できる。

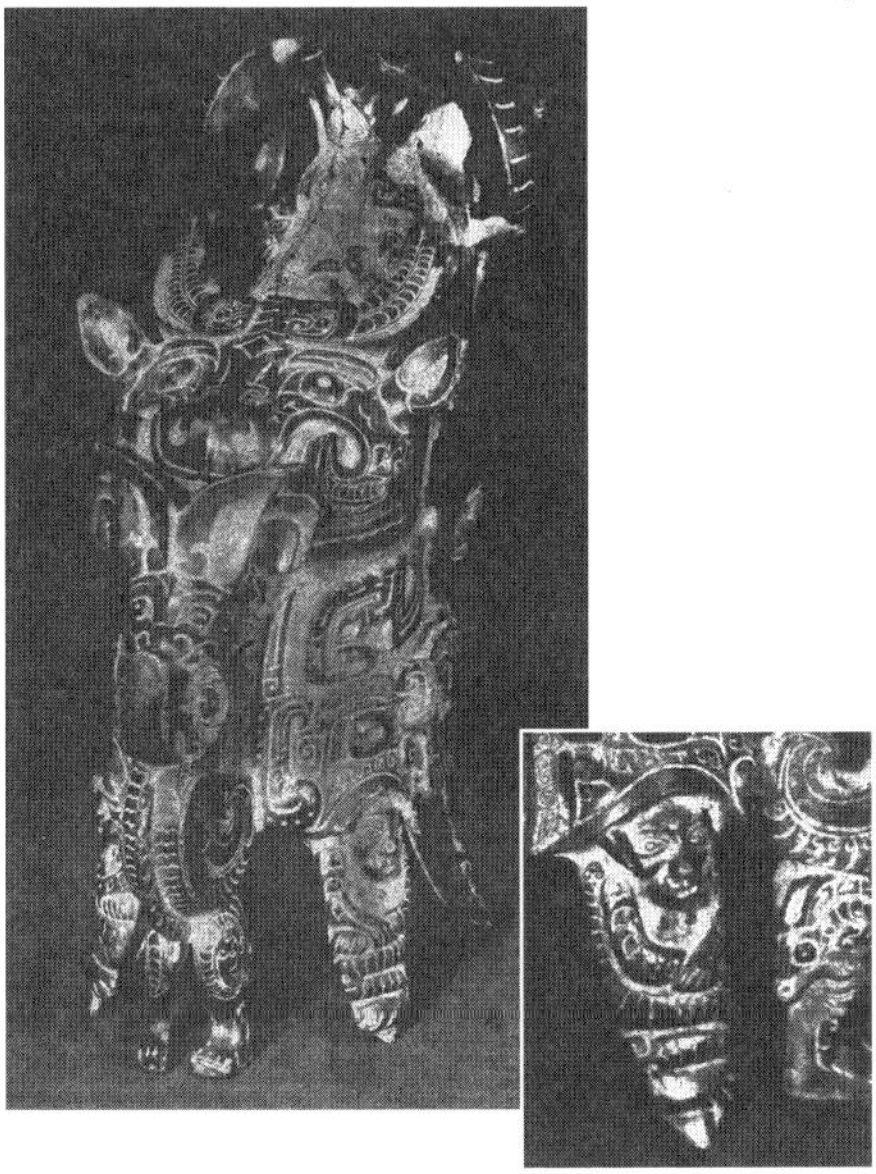

図９

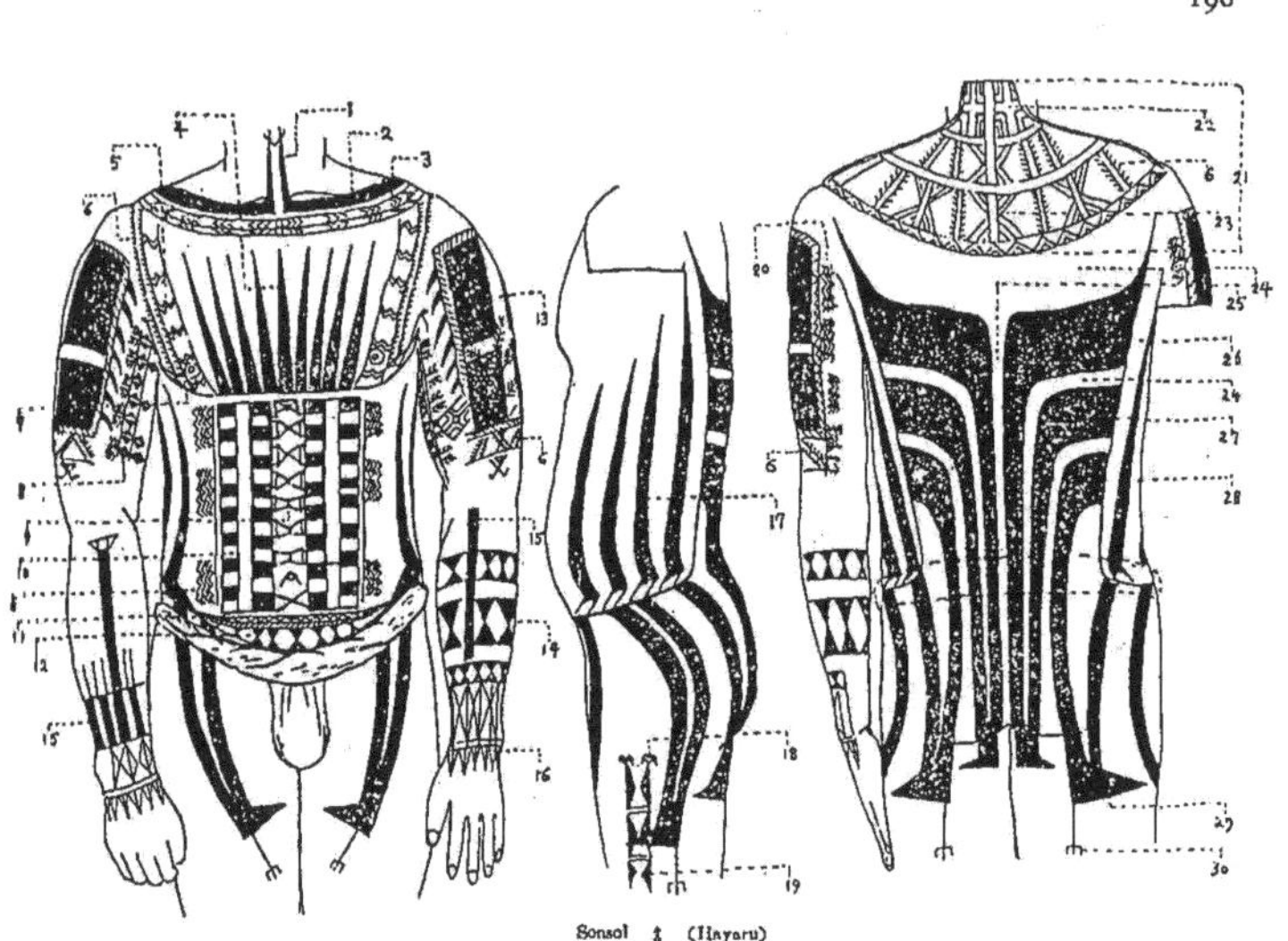

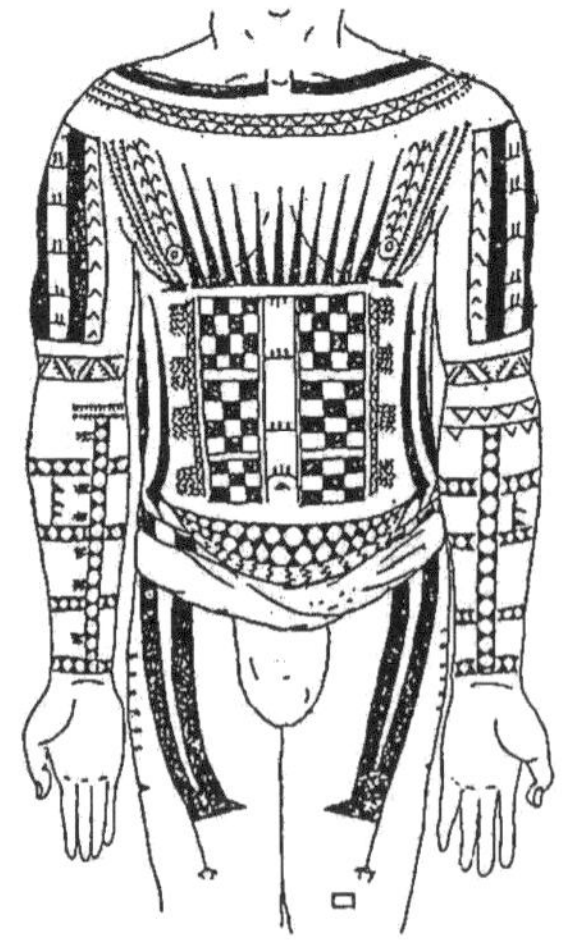

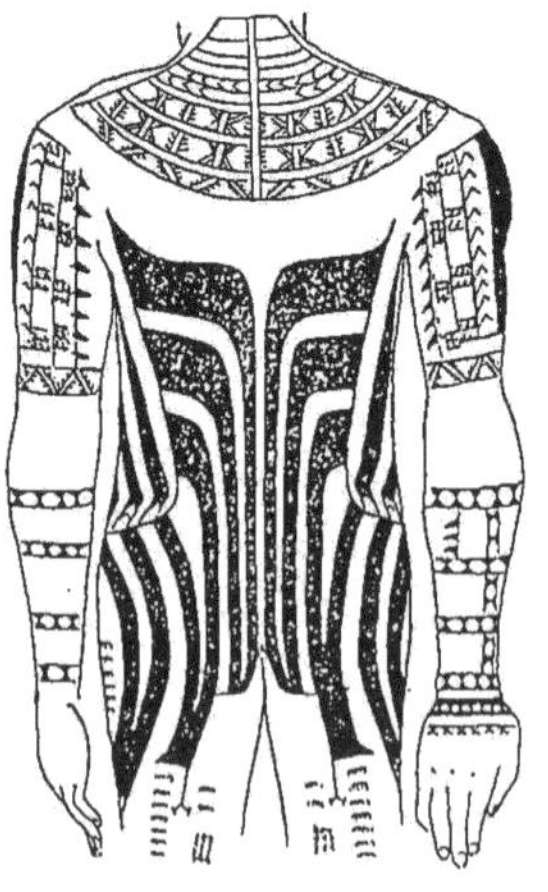

図 10

注

（1）『孝経』「身體髮膚、受之父母。不敢毀傷、孝之始也。立身行道、揚名於後世、以顯父母、孝之終也。」

第三章　殷文化と少数民族に残る習俗

首狩りと食人の人類学

首狩りと言う慣習は世界中に散在していたと考えられ、具体的には東南アジア大陸部、オセアニア、台湾などの農耕民族に確認できる。また南米、アフリカ、ヨーロッパでも行われたようであるが、ここでは中国を中心にして、雲南省南西部の佤（ワ）族、台湾の高砂族に焦点を当てたい。

佤族の場合、豊作を確実にするため雨季のはじめに、人間の首を狩り、太鼓小屋に持ち込んで洪水にならないよう太鼓を叩き、焚火をたいて精霊に禱る。その風習は一九五〇年代まで引き継がれていたのである。

高砂族の出草（首狩り）の理由は、①仇敵への報復。②神を悦ばせて病気の治癒。③穀物の豊饒祈願。④勇者の誉れ、などが挙げられる。

首狩りの動機を土地の肥沃と穀物の豊饒とを促す信仰に求めたのは、ジェームズ・フレーザーであり、彼の影響を受けたジョン・ヘンリー・ハットンは、首狩りと食人、人身供犠の関係に就いて、首狩りは霊質の信仰に起因し、霊質の宿る頭を切り落とすことで、人口や家畜、穀物の豊饒に寄与すると考えた。

また食人は、霊質の移行によって、大地の増殖力をしみ込ませる目的がある男根崇拝や増殖儀礼と関連しているとする。さらには、食人によって供養の意味もあったのだろうと推察できる。

そもそも狩られた首は、憎悪や恐怖の対象から、畏敬の対象に転化されており、血讐は単なる殺人の手段や、刑罰ではなく、正義の儀礼的殺人なのであった。

つまり、それは個人的レベルを超え、共同体のマイナス（病や不作などの災厄）をプラス（多産・豊饒などの幸福）に転化するものであり、危険を冒して共同体にプラスをもたらすエネルギーの持ち主を尊敬したのである。そして儀式の成功者は、犠牲者の名を名乗り、成人として共同体の一員となる。異人はそのものとして再生（異人は彼に於いて同化）し、成功者は異族間の媒介者ともなる。

つまり、ある生命が死に、人間の生命の源である穀類やイモ類などの作物に生まれ変わるという死体化生神話の儀礼的再現として首狩りは行われ、そのことで現在の存在秩序の再確認をしたものと考えられる。首狩りにもルールがあり、無秩序な戦争ではなかったのである。

前章で見た、殷代の「伐」や「食人」も基底にはこのような宗教思想があったのであろう。とすれば彼らこそが、当時の原住民であったとも推せるであろう。

雲南青銅器

滇国の遺跡から出土した青銅器は、戦争場面や各種の武器をはじめ、生活用具や農工具、さらに人物や動物の形象など多方面にわたっている。

ここでは、首狩りの人頭祭と関係のある史料を詳細に見て行きたい。

図1は、人頭祭の前段階を示す青銅器である。それは一九五五年に晋寧石寨山遺跡の一号墓から出土した「祭祀場面桶形貯貝器」で、前漢中期のものである。

貯貝器とは、当時用いられた貝貨を貯えておくための容器で、楽器の銅鼓形に作られている。問題の人頭祭の場面は蓋に銅鼓が置かれている。銅鼓は当時の祭祀の重要な楽器として用いられ、人頭祭を示す場面には必ず見られる。

床上で後ろの棟特柱を背に腰掛けているのは、その豪華な服飾から、祭儀の主宰者である滇王であろう（図2）。注目すべきは立て板で、一人の裸形の男が縄で縛られている（図3）姿と、円柱に二匹の蛇が絡まり、下にいる蛇が人間を半分呑み込んでいる（図4）形状である。

この祭儀の目的は、犠牲にされた人間が死して後、神として再生するという信仰に基づくものである。その神とは農耕神であり、農耕神は蛇であると信じられていた。つまり殺された人間が農耕神である蛇に化身し、その年の豊饒をもたらしてくれることを願うための稲作儀礼である。

これらの人形には、その身体に模様のようなものが施されているが、これが入れ墨である可能性は指摘でき

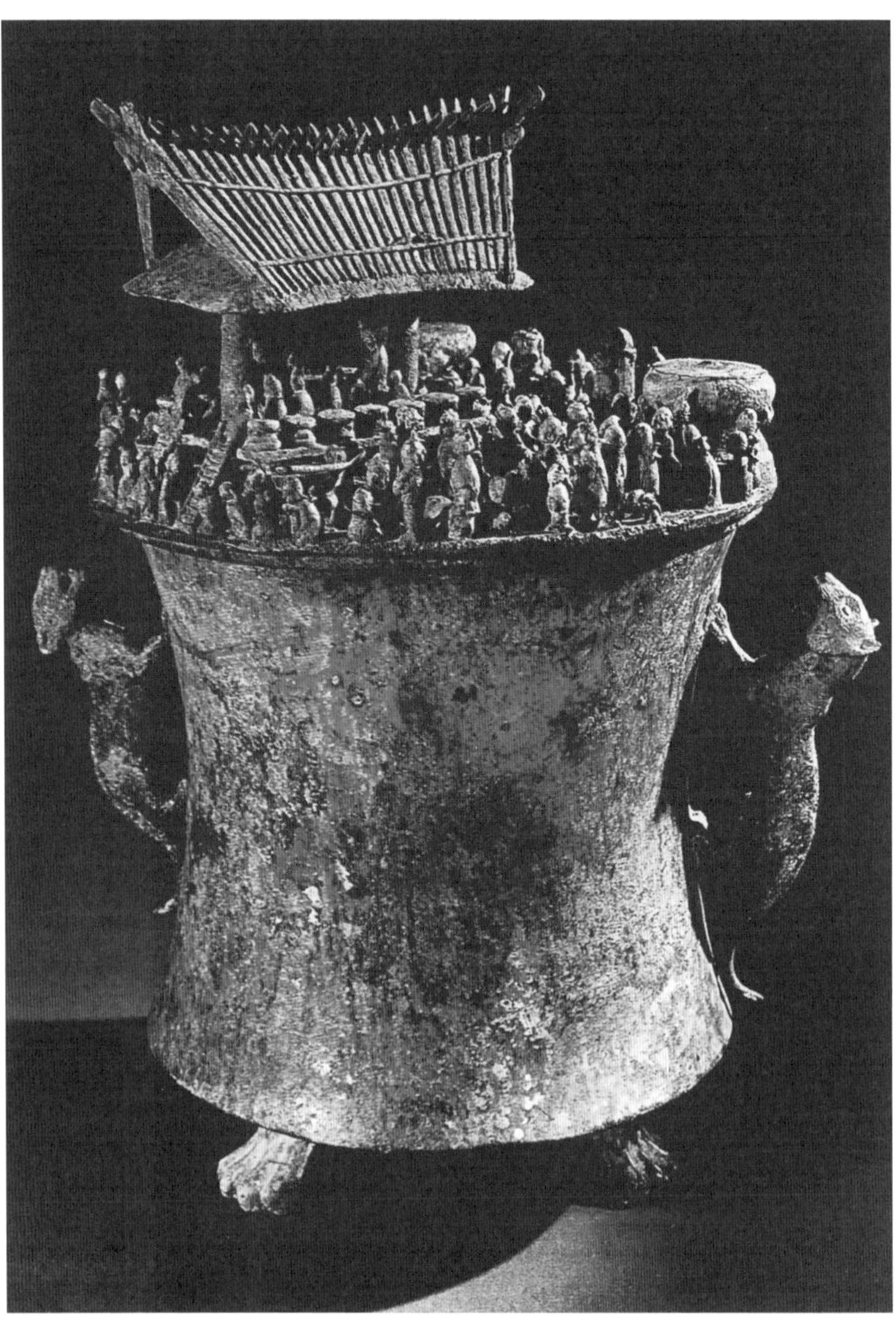

図１

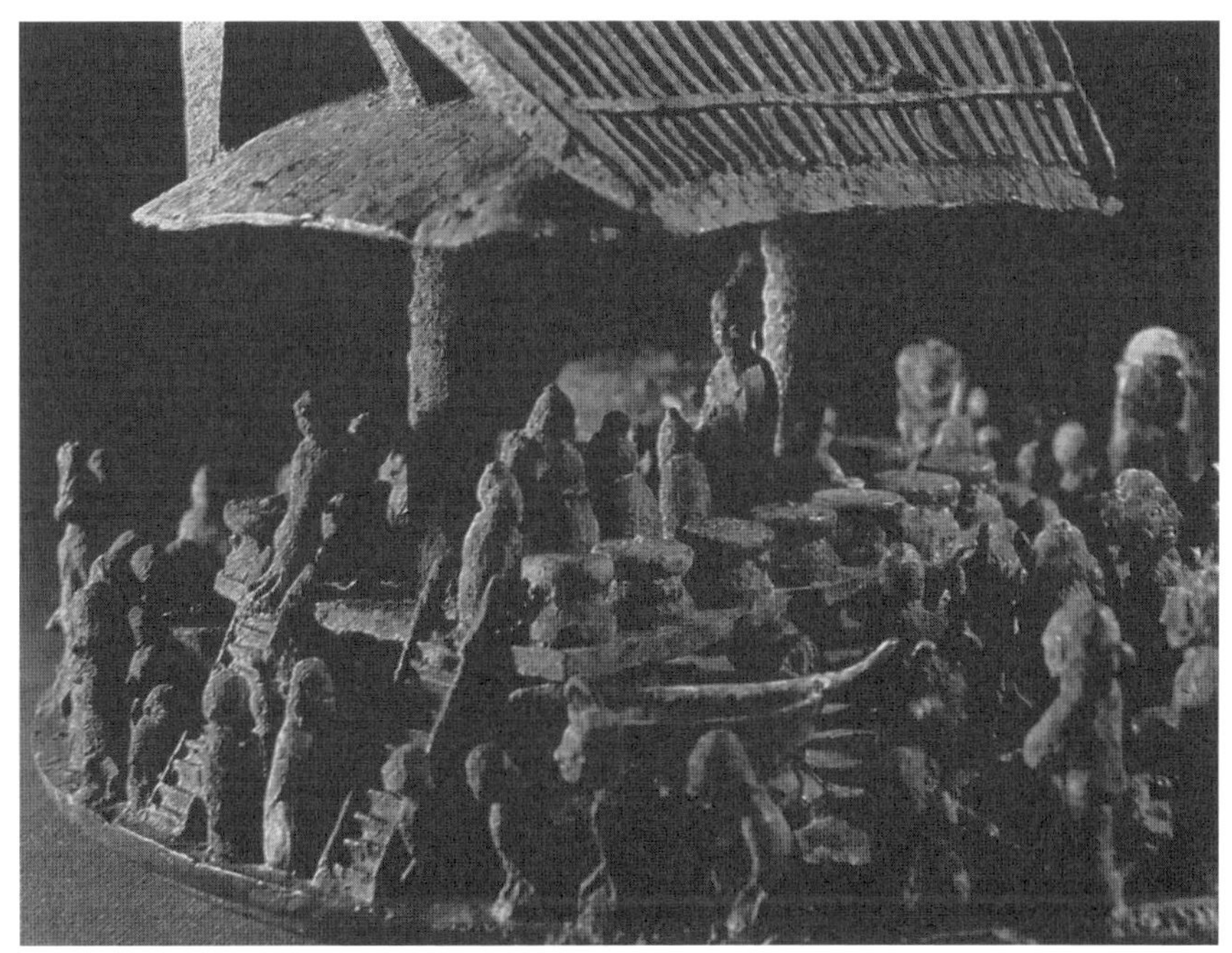

図２

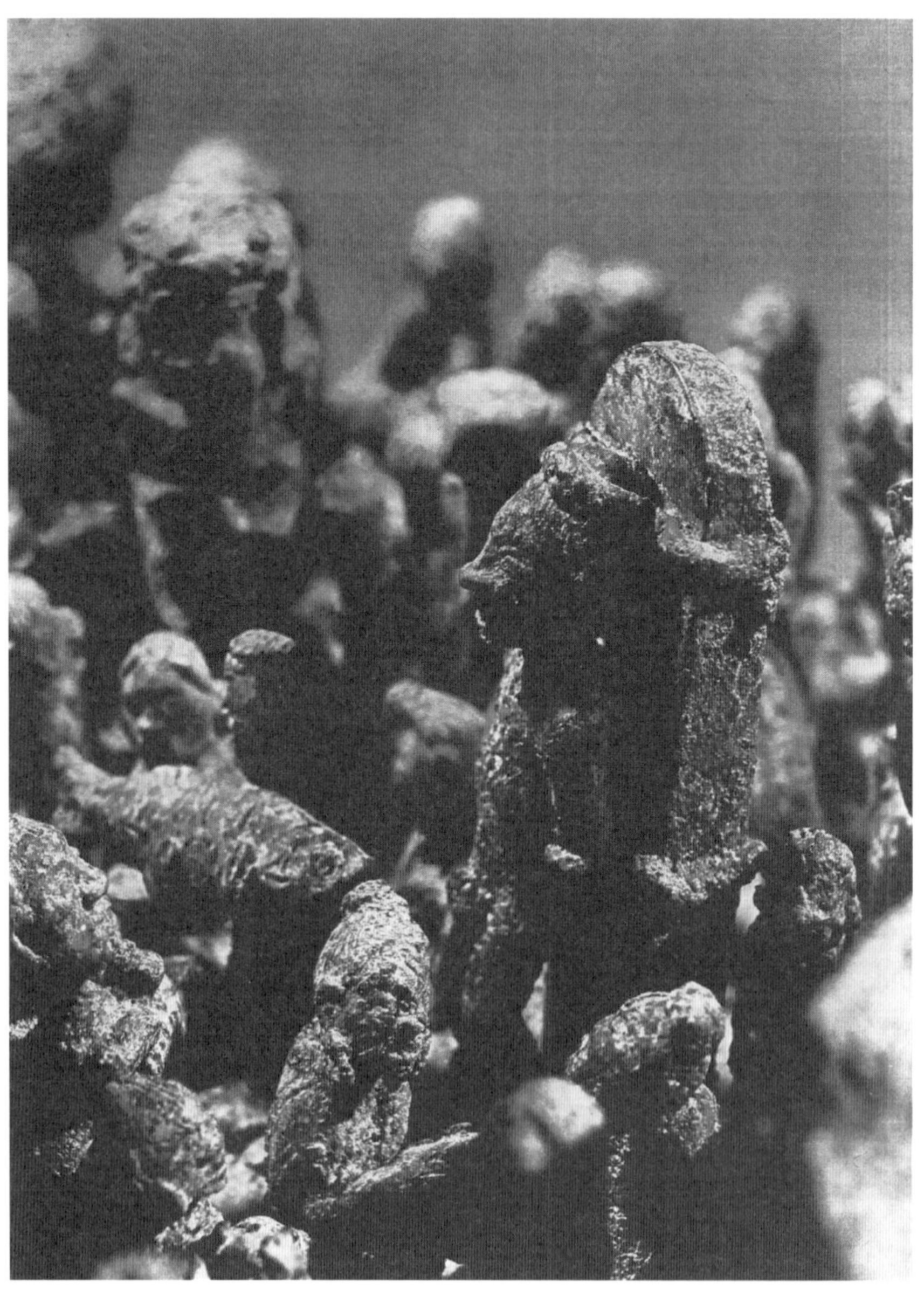

図３

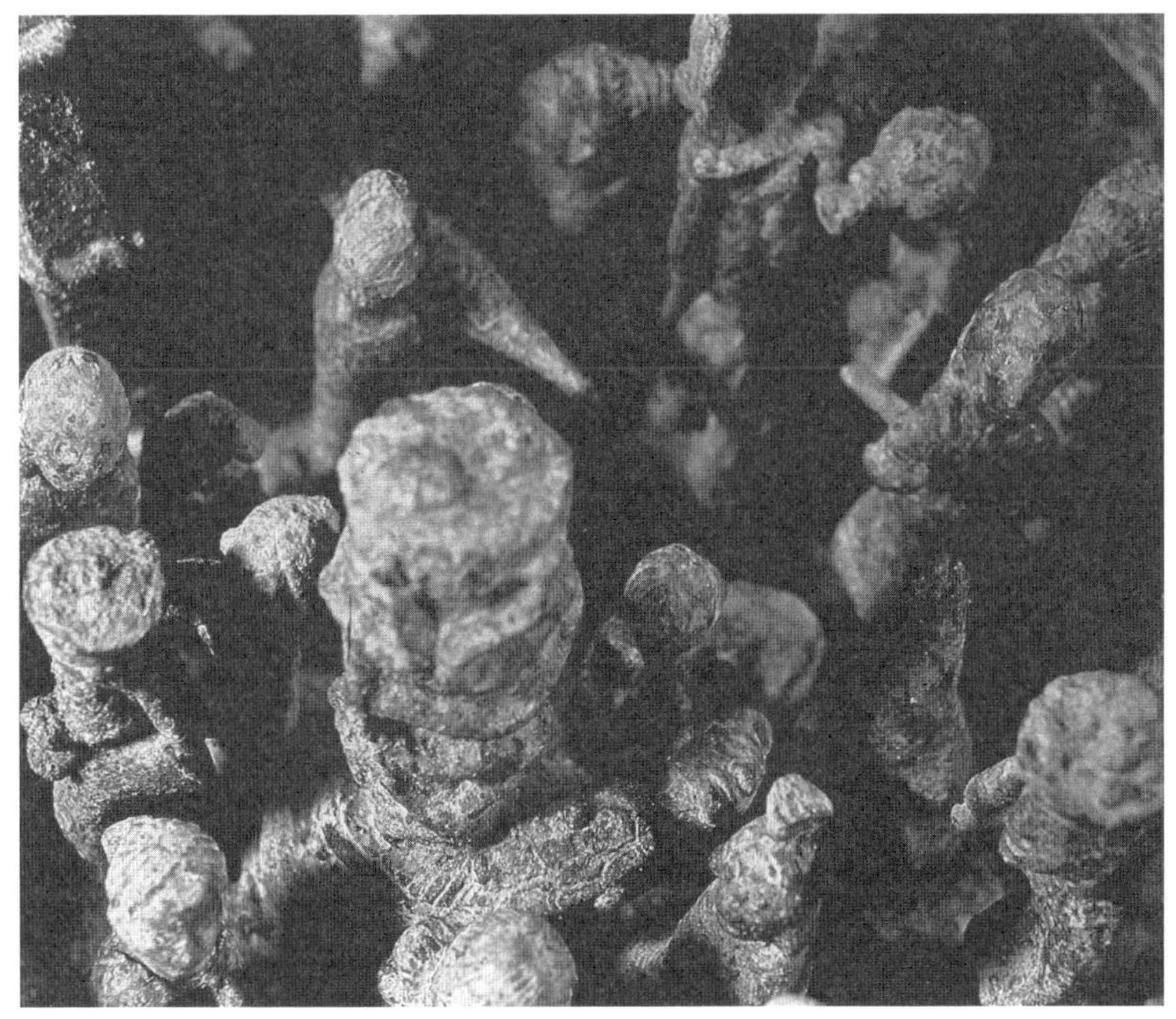

図４

るのではなかろうか。

つまり、犠牲者の身分は定かでないが、前章までで見た墨刑施行に近い情景を示す資料だと言えるだろう。

木鼓と南

貯貝器中央の柱状に重ねられた銅鼓は、無論、祭祀の対象ではない。人間を殺して祭った対象は無形の神鬼であり、銅鼓は神に祈りを通じさせるための一種の道具と解釈すべきであろう。現代の佤族（雲南の少数民族）の間では、神鬼をまつる時には木鼓を打ち叩き、木鼓の霊の助けを借りることが必要であり、そうすることによって、天の神ははじめて人々が祭りをおこなっていることを知るのである。銅鼓の役割も、木鼓と同じであったのだろう。

青銅器上の人頭祭、首狩りの目的は、獲物の血の呪力によって、作物の豊穣を祈る儀礼的狩猟の習俗であり、本来山地斜面の焼畑の慣行と結び付いて伝承されてきた。これらの習俗は東南アジアのU字型古文化地帯に残存しており、文化的共通要素として先に、木鼓・高床式建築・首狩り・犬崇拝・焼畑・精霊崇拝などを挙げた。

また佤族の木鼓は女性の生殖器の隠喩であり、母親の象徴である。木鼓を祭ることによって、類感呪術的に作物の豊作と安泰、子孫繁栄を祈った。ならば、鼓を男根の隠喩と考えられる撥（ばち）で伐つ行為が、そのまま「まぐわい」を意味し、更には戦争による多産豊饒に繋がるのではあるまいか。

つまり、人頭祭（戦争）、鼓、多産豊饒は、やはり意味的に一つのグループとして考えられ、それが、後述する×、バチに包括される。

また甲骨文の南（[illegible]）字は、楽器の象形で、銅鼓を表し、旧く苗族が用いた。懸繫して上面を鼓ち、器は底がなく、左右の頸部に鐶耳があり、そこに紐を通して上に懸けると、「南」の字形になる。卜辞第一期、武丁期の貞人に㱿という者があり、たとえば、殷王朝によって捕虜や奴隷にされたことが、主に祭祀犠牲として記されており、その由来を知ることができる。

つまり、南は鼓という意味で、南方の苗族は鼓を打ち鳴らす特徴があった。かつて苗族が住んでいた商の南方では大きな鼓も出土されており、南方の苗族＝鼓＝南となるのである。

因みに、雲南のワ族の打楽器としては、ワ語でクロック（漢語では木鼓あるいは音訳で克繞克などと表記）と呼ばれる木鼓が有名だが、それを叩くバチはワ語で「ダウフ」と呼ばれる。漢字では音訳は用いられず、翻訳で「鼓槌／棰」や「木槌／棰」と表記されることが一般的である。

漢語では太鼓を演奏する際に用いられるバチについては、「鼓槌／鼓棰」という単語が使われることが多いが、「撥子」も使われることがある。歴史民族博物館にも一九八一年に北京市で収集された、「撥子」と呼ばれる太鼓を演奏するバチ（標本番号：H0094000）が収蔵されている。

加えて、道教の儀礼において道士（道教の宗教職能者）が用いる「鐺（とう）」と呼ばれる小型の銅鑼を叩く際に用いられるバチも「撥子」と呼ばれることが多い(1)。

苗族と奴隷論

苗族とは、もともと漢民族による南方非漢民族系族群に対する汎称として、古文献に頻出する。ただし、彼らがより古代に中原の原住民であったとは考えられまいか。

やがて彼らは、雲南省などの少数民族として存続し、漢族の先祖とされる華夏民族の黄帝と涿鹿で争って敗れた蚩尤を非漢族の代表と見なし、蚩尤と一緒に闘った九黎の子孫が南方に逃げて、後に「三苗」になったと説く向きもあるが、確証はない。

現在、中国には五十五の少数民族が存在するが、そのなかでも歴史的な経緯を持つ、苗（ミャオ）族は、日本人のルーツとも言われ、人口約八九四万人。その大半が貴州省に暮らしている。

また羌族の子孫とも言われる雲南北西部と四川に住む彝（イ）族の多くは複雑な奴隷制度をもっており、人は黒イ（貴族）と白イ（平民）に分類され、白イと他民族（主に漢民族）は奴隷として扱われたが、白イは自分の土地を耕すことを許され、自分の奴隷を所有し、時には自由を買い取ることもあった。またかつて彝（イ）族社会では、奴隷は奴隷主から入れ墨を施され、逃げられなかった。

入れ墨の事例として、現在でも中国とミャンマー国境に近い雲南省とチベット高原を結ぶ独竜江流域には、残りわずかとなったトールン族の「紋面女（顔面に入れ墨をした女性）」がいる。顔に入れ墨をする習俗の起源について聞くと、「略奪されて奴隷にならないようにするため」という人もいる。

このように、古代苗族、中国西南地域に暮らす少数民族の習慣や風習の中に、古代中国の面影を見ることは、可能ではなかろうか。

入れ墨他界パスポート

中国西南地域の高床式住居に住む種族の末裔たちは、今なお文身をしている。

例えば傣族の「刺青」というのは、もともと「呪術的」な目的ではじめられたものらしいが、「腹黒族」の刺青も、「呪術的」な意味を本来持っている。「悪霊」や「敵」から身を護る呪禁の為である。

そもそも文身の象徴「×」形は、死の表象であり、漢字に直すと「罰」であり、呉音は「バチ」、「神に背きバチがあたる」、のバチである。その「×」は、もとは異族を殺す意味であり、それによって同族神に加護される。敵に供犠にされる前に施し、他界を彷徨わないように、後に儀礼化されたのであろう。

ところで、入れ墨があの世へのパスポートだという観念は、日本列島、海南島のリー族、アッサム、ヒマラヤ、さらに中部インドの山地民、島の世界だと、ボルネオから東のインドネシア諸島やメラネシア、ミクロネシアの島々の住民というように、東アジア、インド、東南アジア、オセアニアにまたがる巨大な分布図をなしている。

例えば北アッサムのアポール族の男は、前額に「十」字形の入れ墨を施し、この入れ墨をした男は、生きている間神によって保護され、死ねばまっすぐ天に赴いて、入れ墨をしたものだけが神の恵みを受けられる。

このような入れ墨他界観が分布しているところは、ほとんど焼畑耕作、つまり森林や草地に火を放ち、焼け跡を畑として農作物を育てる農業形態の地域である。それは、元々あった植生を焼き払うことで残った草木灰が肥料となるほか、雑草や病害虫を駆除できる効果があり、主として熱帯から温帯にかけての多雨地域で伝統的に行われた。彼ら焼畑農耕民は、水中で害を受けないために竜の入れ墨をする人たちが、日本、江南、インドシナという水稲耕作を行い、しかも漁撈もさかんに行う地域分布と見事に対照をなしている。

これは、殷代の甲骨文に於ける雨乞い、水を希求した儀礼を想起させる現象ではなかろうか。

そして、文身他界観の分布は竜文身よりはるかに広く、いわば文身他界観の分布圏に竜文身が楔のように打ち込まれ、分布を中断している観がある。

以上のことを勘案すれば、入れ墨が他界へのパスポートだという信仰は、竜の入れ墨で魚や鳥を追い祓う習俗より、起源が古いものと考えられる。

甲骨文等の資料には「焚」の字がしばしば見られ、『焚林而田』『火田為狩』等とあることから当時の焼畑耕作が知れ、「動物の遺体」「雨雪の記載」「長雨の刻辞」「卜辞の動物」等の例証から、温暖であったと分かる殷代の内陸文化（豫文化）・習俗との関係性がやはり指摘できよう。

文物と入れ墨

×形について、雲南小涼山のイ族の儀礼において、岩に「十」字（永遠不滅の意味があるとされる）を刻むということはあるが、雲南省に暮らす少数民族のあいだで、×形が特に顕著な意味を持つとは、断じきれない。ただ、×形はさまざまなデザインを構成する要素となりえ、×形を見出そうとすればそのようにみることはできるかもしれない。

例えば、入れ墨で有名な独龍族の入れ墨の意匠にも×形を見出そうとすれば、×形から構成されていると見なせる部分もある。

また日本で沖縄、奄美の入れ墨にも×・十字形は多く見出せる。

更に鳥取県の加茂岩倉遺跡から三九個の銅鐸が出土され、そのうち十二個には吊り手に×印があり、近くの神庭荒神谷遺跡から出土した三五八本の銅剣の九六％の三四四の銅剣にも茎に×印がある。

そして青森県木造町亀ヶ丘遺跡出土の桜の樹皮を巻いた縄文晩期の男根状石棒にも、亀頭部に×印があることが、レントゲン撮影によって確認されている。

また中国雲南省汶上爛壩田で出土した戦国期の靴形銅鉞（図5）にも十文字が施されている。

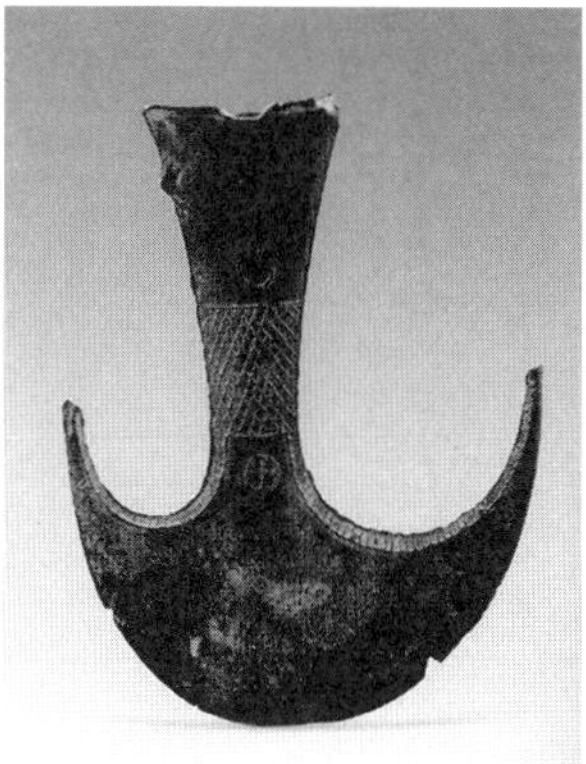

図5　靴形銅鉞

以上のように、入れ墨、武器、楽器などに、×・十の表象が刻まれることが多かったことが、確認できよう。

漢字に残存する×字形の意味と祝禱

漢字の祖形とされる刻画符号（図6）には、×形が頻見する。

また先にも触れたが白川静は、呉大澂説以来の「文」字系、さら「奭」「爽」「凶」「兇」「匈」「彦」「顔」「産」「爾」「彌」「瀰」「禰」を挙げ、中でも「文」「奭」について、宗廟で先王を祀るのに「文」を冠し、また先妣を祀る某王の「奭」であったことから、文身は、この国の最高の権威と神聖性を表象するものであったとしている。白川は、当時の入れ墨を夷系の文化と捉えているのも特徴である。

更に「凶」字については、白川のように、日常生活において施されていた文身が屍の「×」を呪符と見れば『説文』の解釈とは食い違うが、この呪符が「匈「胸」の字に至っては文身の意となる。この点で、白川博士の考察は、聖化のための儀礼の絵身よりも本来的な文身であると語っている。また白川は「爽」字について、その「×」は婦人の死葬の時に邪霊の憑くのを防ぐために加えた文身だとする。朱で描く絵身であるという。更に「爽」「爾」「彌」はまた「×」を媒介とした同系の意味をもつ文字群であるとする。そうすれば「胸」「爽」はすべて「×」形を媒介とした系列文字になる。

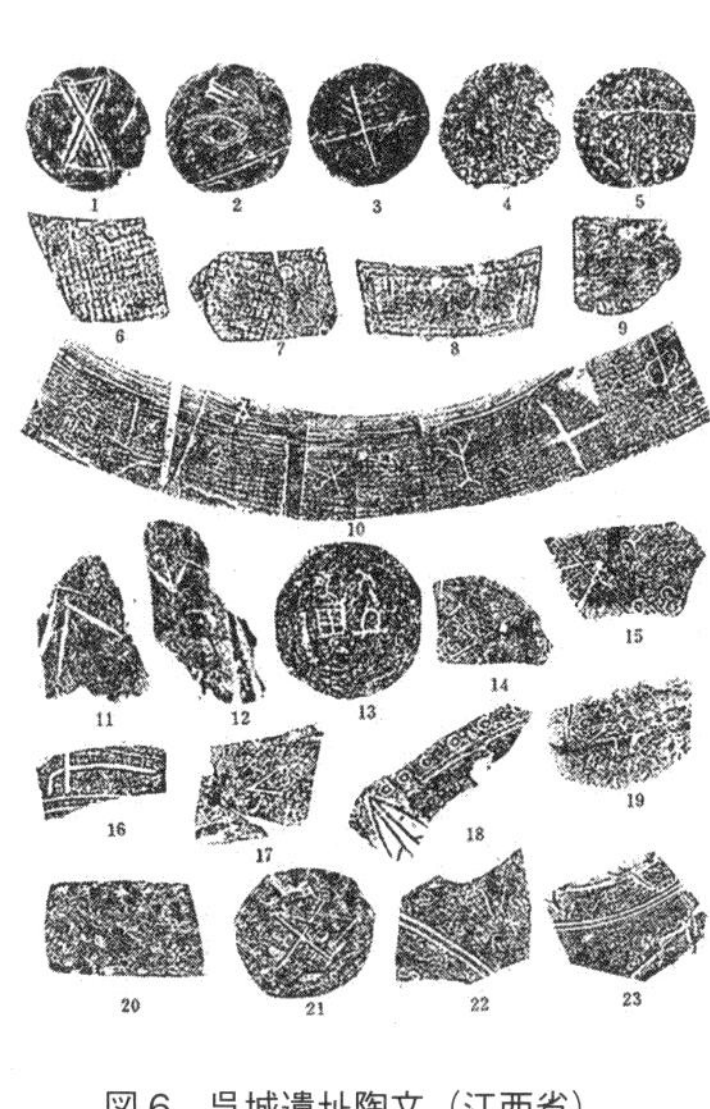

図6　呉城遺址陶文（江西省）

これらを受けて張莉氏は、四つの字説を新たに提出した。

先ず「区（區）」という文字について考察し、白川によると、呪具として秘匿した秘儀を行うことにより、人を病魔から守ろうとすることが医療行為とする。区（區）は旧字は區に作り、品は多くの祝禱（しゅくとう）を収める器（さい）を列する形。多くの祝禱の器を列することから、『區して分かつ』の意となり、区別・区分・区域の意味となる。邪霊が入らないように儀式する意であり、三つの横が後に呪禁の『×』に変わり、『区』字になった。『區』は匸中でひそかに祝禱を行う意で、嘔・謳・歐（欧）・毆（殴）などはみな區に従う。また、匸に従うものはみな隠僻（辺鄙）のところに秘匿する意味をもつとする。

次に五の祖形「五」も「×」を隠匿して呪能を高めるために上下に横線を引いたものであり、「凶」字の祖形であると思われる。「五」は甲骨文の数字の「五」の甲骨文と同形であるが、もとは呪禁としての「×」と同系の符号である。「吾（ゴ、ギョ）」「（ゴ、ギョ）」「圄（ギョ）」などに「五（ゴ）」が含まれ、これらが「まもる」意味を有する。「凶」の「凵」は白川博士の言う胸郭を表すものではなく、「×」を「護（ゴ）」に「まもる」の意があり、声符として「五」が使われたとともに、邪霊から身を守る意味をもつようになったのであろうと推察した。

更に「凶」に人の側身形である「勹」を加えて、はじめて「匈」「胸」が文身を施した胸の意味となるとし、「凶」に人を表す「儿」が加わることにより、胸の文身の意味が加わる。「胸」字には、胸の上に彫り込まれた入れ墨である「×」形を隠して、秘儀により呪禁としての霊力をさらに高めようとする発想があったように思われると言う。

それでは、文身を意味する「×」形を何によって隠すかというと、それは衣服であろう。「匈」は「胸」の初文で、胸に×形の文身がある形で、「勹」が人の側身形を表している。白川博士は、「勹」は身をかがめている人の側身形であるが、それは屈肢葬の形であるという。

「凵」はもともと土穴の意味であり、「凸」「凹」「出」「函」等の字を形成していて、箱型の器を意味する。したがって、「凶」は箱を意味する「凵」の中に呪禁の符号である「×」を収めて、呪禁の霊力をいっそう高めることを意図した文字であるとする。「凵」も「匚」もともに箱の意味がある。この箱型の器「凵」を「匚」と同じく秘匿の記号として使ったものであると考えられる。すなわち、「凶」は呪禁の呪符である「×」を「凵」で隠匿することによって呪力を高めることを意図した字であろう。後に吉凶の「凶」の意味で使われたのであって、もともと吉凶の「凶」の意味ではない。「凶」が不吉の意味をもつのは、この符号が死葬において使われるので、死に対するイメージから出てきたものと思われる。「凶」の原義が不吉でないのは、「匈」「胸」が「文」は胸に絵身を加えて屍体を聖化した際の様子に象っている。文祖・文考・文母というのはすでに亡くなった祖先を言う。

次に古代の葬儀に関する文字として哀・衷・襄などがあり、いずれも招魂・鎮魂に関わる文字である。それで胸に呪禁の入れ墨をして衣でその部分を隠すのである。隠すことによって、祭祀の霊力を高めようとしたのである。葬儀には死体の胸の入れ墨と死者に着せる衣が祭祀の大事なツールとなっていたと思われる。

つまりこれらの文字は、入れ墨を祝禱（箱）や衣服によって秘匿することによって、霊力を高める、そういう文字と考えたのである。

「罰　伐　撥　抜」の単語家族を巡って

文脈からみて、このA字は同音（または近い発音）のB字の意味だと見なせるのなら、音通していることになる。つまり単語家族化が可能である。

上古音字典の類で、その字の韻部と声母を確認して判断することになるが、『上古音韻表稿』によると、罰・伐・撥・抜は、b・pとwant. i wantで通用可能である。撥は鼓を叩く棒で、『詩経』邶風（はいふう）「撃鼓」に繋がり、戦争時の神おろしの呪能がある。巫（この場合男性）が担当したのであろう。

甲骨文の南（[illegible]）、[illegible]、南＋殳の殳の部分、あと雲南のある少数民族では太鼓は女性の生殖器の隠喩なので、撥（ばち）が男根の隠喩の可能性も指摘できる。

つまり×は綾の意味があり、結びであるが故に、性的意味があり、先にみた男根状石棒に×印がつけられ、そこに秘められた×には中国で、産の意味があるのだろう。

これら罰・伐・撥・抜は、×であり戦争に通じ、さらに後に詳述するが、やはり「結び」ゆえ多産豊饒とも表裏をなす観念なのである。

注

（1）この証明には、国立民族学博物館の奈良雅史先生のご教示を頂いた。

第四章　殉葬論

殷墟の殉葬

殷墟の発掘物で特に目を引くのは、甲骨や青銅器のほかに、膨大な数にのぼる人骨である（図1）。

祭祀の犠牲にされたり、王などの死に伴って殉死させられたもの の遺体だと考えられるが、頭部と胴体が切り離されて別々に埋められるなど（首狩り、伐）、残虐な扱われ方をしている。

彼らは、殷代に奴隷がいたことを裏付けるものと考えられ、またこのような殉葬者は、当時「死後の世界」が想定されており、貴人に死後も仕えることを強要されたのであろう。

因みに西周期に入ると、殉葬は激減していく。

伐、首狩りに就いては、例えばボルネオのイダーン族の場合の「彼らが現世で殺した人々は悉く、死後に来世に於いて奴隷として彼らに仕える」という考えや、ダヤク族の死者の来世の地位は、その得た首に拠って決まるという考え方を想起させる。

またボルネオの例を挙げれば、カヤン族では、奴隷は死んだ主人に従って行き、これに仕えんが為に殺される。奴隷が殺される

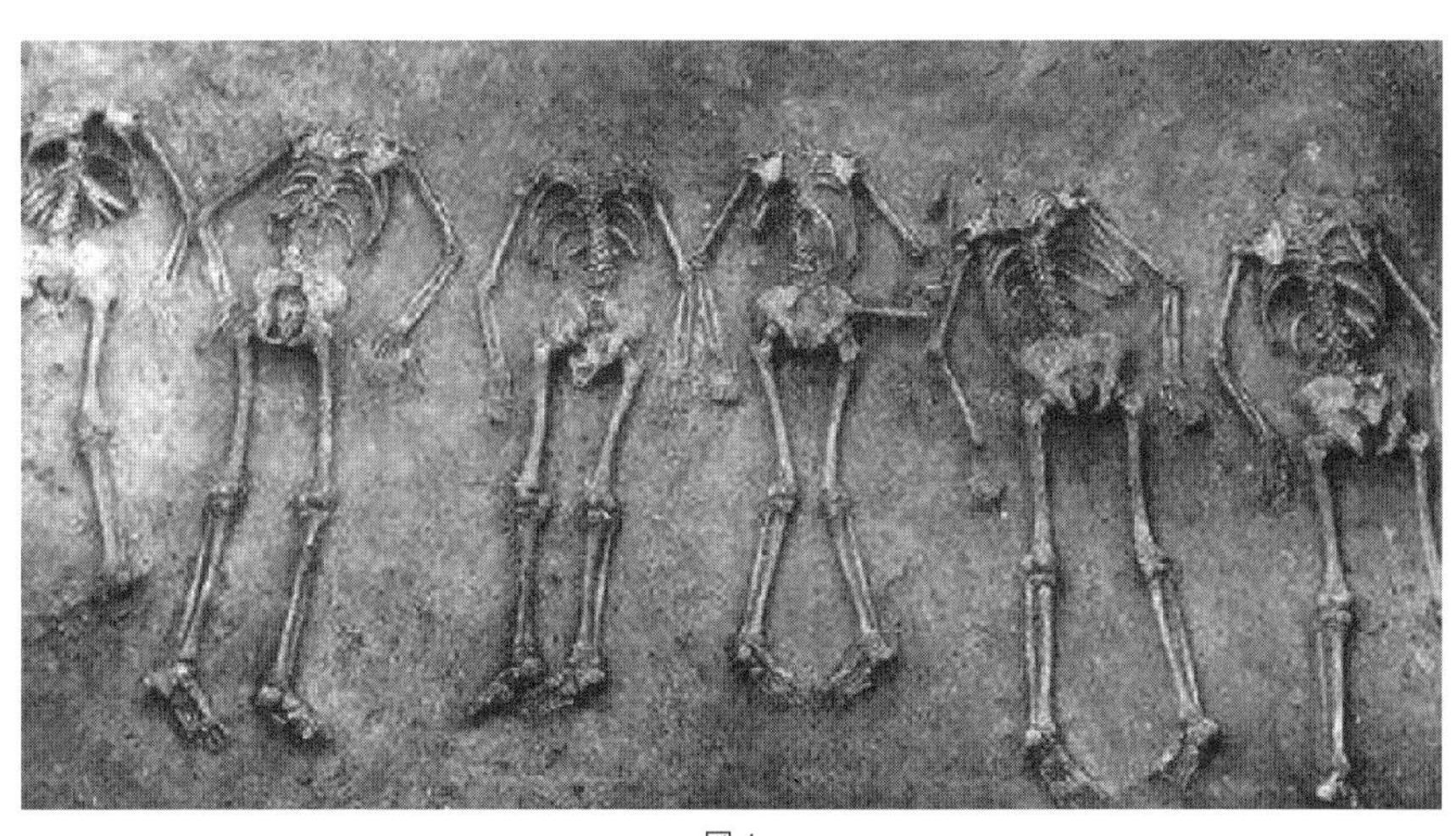

図1

前には、親類たちは主人に仕え、身近でその命令に従うように奴隷に指令する。その後、親類の女によって槍で奴隷は傷つけられ、男によって殺される。

首狩にせよ、殉死にせよ、殺すことによって、新しい生命の為の場所があけられ、かつまた死者の生命力が解放され、植物の生育や共同体の一般的な幸福は促進され、また自己の生命力は強化する。かつ殺された者の霊魂は殺害者の従者として、他界に於いて仕えるのである。

殷墟に於いてもこのような信仰があった可能性は低くはないだろう。

殷朝刑罰と人身供犠の確認と批判

ここで本章までの主旨を確認しておきたい。

①当時の刑罰＝異民族捕虜への実力制裁　また、単なる制裁という意味だけではなく、肉体を欠損すること（いわゆる肉刑）により、逃亡防止の意味もあったはずである。なお、一般的な罪人に対しても肉刑はおこなわれたと考えられる。

②異族捕虜への実力制裁＝人身供犠　「伐」に代表される人牲の対象が捕虜や奴隷であったというのは一般的な見解である。ただし、人牲は祭祀儀礼の一環だったはずなので、単なる制裁や示威行為だけではなく、王の宗教的権威を高めることが第一義だったと思われる。

③人身供犠＝食人儀式　この点については議論があり、まだ結論が出されていない。人牲が「神に奴隷を食べさせる」目的という点については論証が不足しているからである。また、甲骨文字や金文には人肉を食すような文化や儀礼は未発見だと思われるので、「人肉を食べる」という発想自体があったかどうか疑問が残る。

④人身供犠＝食人儀式＝殉葬＝奴隷この部分についても、「食人儀式」を除いて、「人身供犠＝殉葬＝奴隷」とするならば成り立つと考えられるが、「食人儀式」の部分がつながらない。そもそも、殉葬とは生前に仕えていた従者を死後にも仕えさせるという発想だと考えられるので、神に食べさせてしまっては、その役割を果たせなくなる。

この③④について、次節で考察したい。

殉葬論の二系統

本節では前節の「人身供犠＝殉葬＝奴隷」とする判断が成立した上で、「食人儀式」がつながらないとする反証について言及したい。

そもそも殉葬とは生前に仕えていた従者を死後にも仕えさせるという発想であり、その担保として宗教観念が醸成されてきたとすれば、神に食べさせてしまっては、その役割を果たせなくなるという疑問である。

しかし、それは当時の人身供犠、殉葬を、「人牲（人を殺し、神霊や祖先を祭るための犠牲にすること）」と「人殉（人を死んだ氏族の首長や家長、奴隷主あるいは、封建領主のために殉死させること）」の二系統で捉えると、「人殉」が死後の従者として、「人牲」が当説として、解消されるものと観念されるのではなかろうか。

☆人身供犠＝死後の伴走・食人儀式＝殉葬＝奴隷

人牲　原始社会末期と奴隷制社会の期間、祖先（人鬼）祭祀のために、神霊或いは自然界の万物に対して人間を殺し祭品とした。一般的に戦争中の捕虜を使用し、征服部落の青年男女と子供たちを奴隷とした。人牲とは供え物を食することであり、敵人を食べることは古来の伝統である。

↓食人

人殉　生きている人を死去の氏族首領、家長、奴隷主或いは封建主の為に殉葬する。殉葬者の多くは死者の近親、近臣、近侍、及び戦争中の俘虜などである。殉葬は生前に仕えたひとを死後も仕えさせることである。

↓死後の宗教観の醸成

・殉葬をこの二系統、人牲と人殉、つまり「食人」と「死後」のお仕えと分類すれば、殷代の殉葬の在り方が腑に落ちる。

供犠としての殉葬

先に見た人牲について、更に少しく考えたい。

供犠とは、基本的に神霊に供物や犠牲をささげ、それを媒介として人間が神に祈る儀礼である。行動的儀礼の代表で、供物は食物が多く、特に初物の供進が一般にみられる。犠牲は動物、ときには人間が供され、その流血を伴う殺害によって聖化され、「共食」が重視される場合もある。

そしてその「共食」とは、トーテムやその他の崇拝対象に供物をそなえ、それを共に食べる儀礼であり、崇拝対象との一体化を図り、集団の共同・連帯を確認し、強化する意味がある。日本では、直会(なおらい)がその一例として挙げられる。

死者に対する二つの態度として、恐れと尊敬があるが、族外食人の場合には、復讐など憎悪の感情、支配欲が込められる一方、族内食人と同様に被食者の力を自身に取り込もうとする意図も指摘されており、このような背景もあったものと推察できる。

殉葬になぜ入れ墨か

近代民族学の先駆者、鳥居龍蔵による台湾原住民タイヤル族の調査に拠れば、その首級の額には入れ墨がなされている。

また例えば、埴輪の起源については野見宿禰が殉死の代用としてつくることを献策したという伝説がある。形のうえからみると、岡山県などで発見された弥生時代後期から古墳時代にかけてのものといわれる器台、円筒などが埴輪につながるのではないかといわれている。

そして、日本で出土する土偶や埴輪(はにわ)の線刻から、古代より入れ墨の習慣が存在したと推定される(図2)。先にもみたように、日本の南端にある奄美群島から琉球諸島にかけて、女性は「ハジチ」と呼ばれるイレズミを指先から肘にかけて入れる習慣があり、記録として残されているのは一六世紀からであるが、それ以前から行われていたと推測されている。

特に手の部分の入れ墨は、女性が既婚であることを表し、施術が完成した際には祝福を受けるなど、通過儀礼の意味合いも持っていたが、島ごとに施術される範囲や文様が異なっており、ハジチがない女性は来世で苦労するという伝承が残る島もあった。

一方、北方の先住民族、アイヌの女性たちも唇の周辺や手などに入れ墨を入れていた。北から南まで、入れ墨は日本各地で広く行われていたことが分かるが、日本の創生神話を描いた『古事記』(七一二年)と『日本書紀』(七二〇年)にも、辺境の民の習慣や刑罰としてイレズミに言及されている。

そもそも、入れ墨は他界へのパスポートであり、あの世で主人にお仕えする殉葬者には、人牲であろうと、人殉であろうと、それが施される必要があったのだろう。

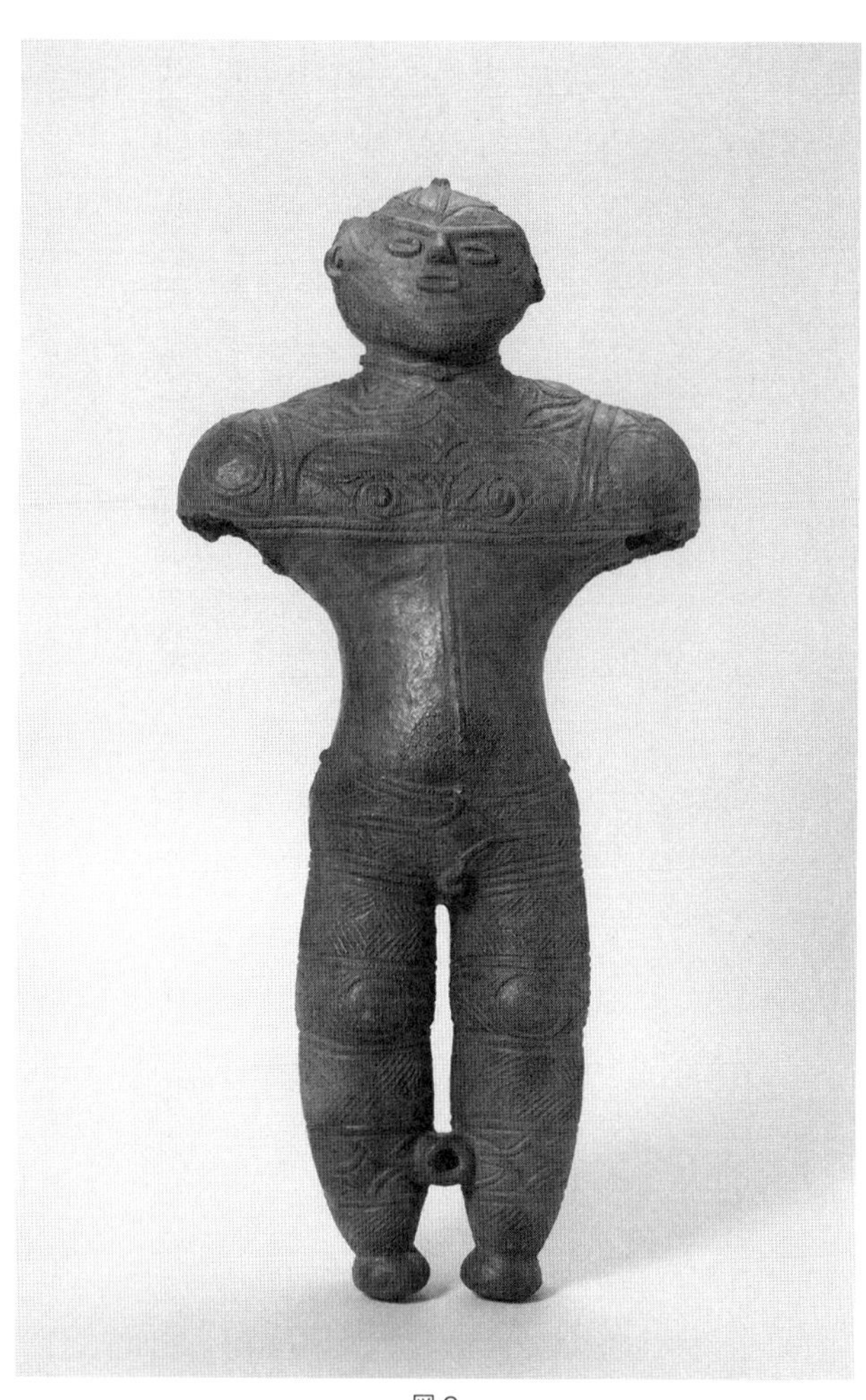

図２

入れ墨と墨の観念の重なりと殉葬から殉文へ

前節まで、古代中国に於いて「墨」が入れ墨を意味し、その入れ墨の由緒が祖霊に受け入れてもらうために不可欠な装飾であったことを見てきた。

以上のことから入れ墨は「祖先」「他界」との通用観念を有していたものと考えられる。

さらに言えば現在でも葬祭に際し、墨が用いられることが多いのは、それが祖霊との交渉の場に於いて面々と受け継がれていることを如実に物語っている。つまり墨とは、単なる物質的な意味を超え、祖先と時空を共有するという歴史的に積み重ねられた観念を有しており、よって『周礼』占人に、

史は、墨を占う。

とあるように、祖先と消息を通じ合う占卜のときに、まちかたに墨が加えられたという事象は、その文化伝承の一端を示し得ると言えるだろう。

つまり即物的な墨の存在は、呪術的な入れ墨の用途となることによって、神秘的な宗教性を纏うようになったと考えられる。

さらに言えば、人身供犠の奴隷の入れ墨や殉葬が、次第にその悼ましさ故に減少し、それに比例するように身体髪膚観念が拡大され、人身ではなく墨の文字による殉葬へと分化していったとも考えられる。

アジア・オセアニア圏に於ける入れ墨が担う意義は、実に多義的であり、時代と地域によってその変遷を含む更なる考証が求められている。但しその入れ墨の墨が、文字の表象に用いられ、独自の進展を見せたのは、

東アジアの漢字文化圏であったと言えるかもしれない。

そしてその文字群＝思想は、形象的には×・十字（死の表象・呪禁）と墨の集積物であり、その内実は、理想化された他界、天下国家の明日、そして思想家たちの浄土的イリュージョンであったと言えるだろう。

第五章　書の民俗学

冊祭――甲骨文の「冊」字と祭祀

ここで一度、視線を文字と民俗学に転じてみたい。

殷代の文字資料としては甲骨文が取り沙汰されることが多いが、当時に簡牘（木札に書き付けた文字）がなかった訳ではない。現在の「冊」字は、木簡や竹簡を紐で繋いだ形象から成立しており、その字形は既に甲骨文に現われている。例えば図1の殷墟大司空村出土刻辞牛骨をみると、その罫線からも、当時の木簡の様態が想像できよう。

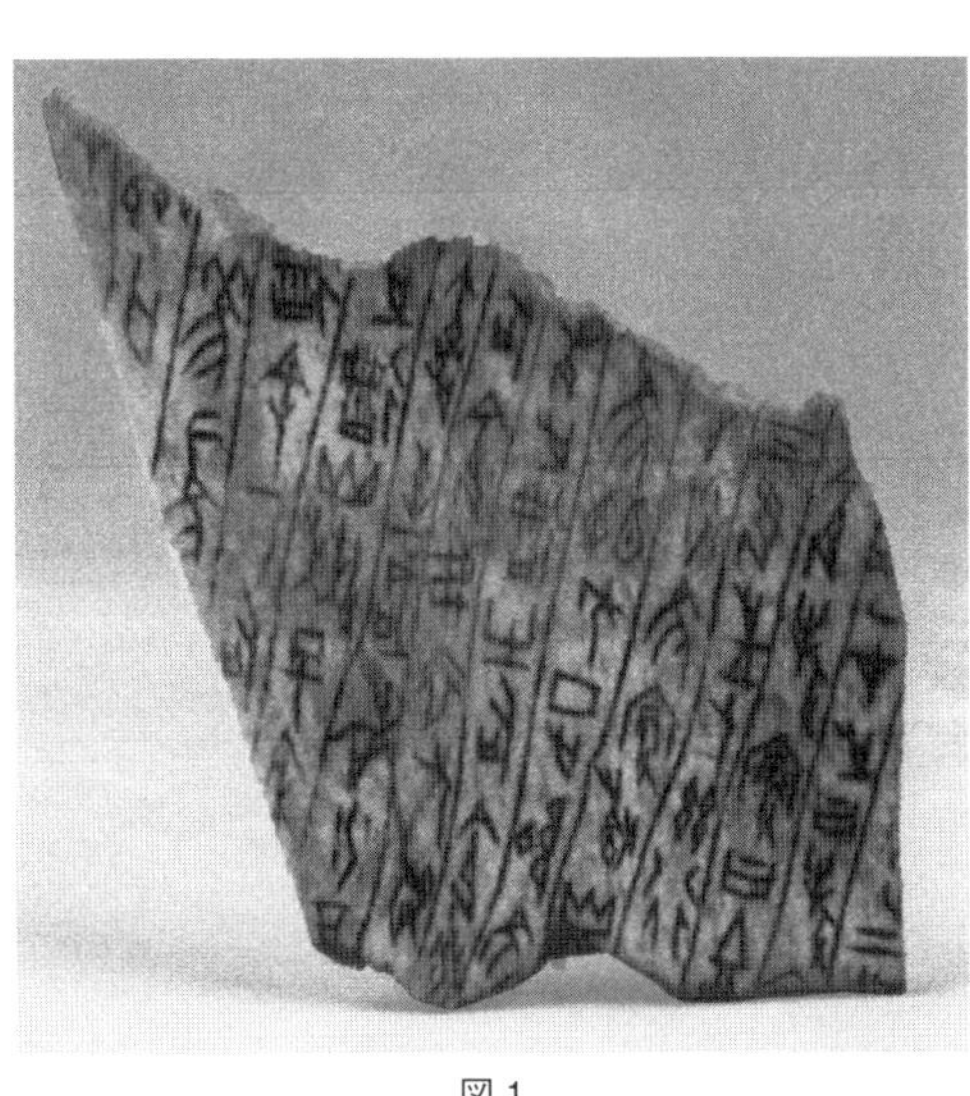

図1

　また例えば、「冊」字の使用例をみると「叀(これ)新冊を用いんか（『小屯南地甲骨』一〇九〇）」と直に簡牘の意味もあり、また「辛卯に卜す。其れ妣辛(ひしん)に冊せんか（〔大意〕祖霊を祀らんか）『甲骨文合集』二七五六〇」と、ここでは祭祀を示す動詞の例も見られる。当時、簡牘を用いた何らかの祭祀が執り行われていた情景が容易に想像できよう。また『甲骨文合集』二七二九一では、「冊」字に示偏が付され、祭祀を意味しており、この簡牘儀礼の存在の確証と言えるだろう。これは、後の戦国期の竹簡に残る卜筮祭禱簡(ぼくぜいさいとうかん)の祖型を推察することに繋がるのではなかろうか。

さらに、甲骨文の𠕁（[illegible]）字は、現状は地名やその長（おさ）を示す用例しか確認できていないが、その形状から解釈すれば、記録媒体である冊を燃やす様子であることが容易に解せる。原義的には、そのような行事が原初は存在していたと考えられる。

鬼火焚き

「鬼火焚き(おにびたき)」＝九州地方で正月七日に行う火祭りのことで、左義長(さぎちょう)とも言う。左義長の言葉は、もと、毬杖(ぎちょう)を三つ立てたことに因るともいう。

小正月の火祭りの行事で、宮中では、正月十五日および十八日に清涼殿の東庭で、青竹を束ねて立て、これに吉書(きっしょ)・扇子・短冊などを結びつけ、はやしたてながら焼いたとある。民間では、多くの場合十四日または十五日に野外で門松などの新年の飾り物を集めて焼くが、その火で焼いた餅や団子を食べると無病息災や、書き初めの紙をこの火にかざして高く舞い上がると書道が上達するという伝承が残されている。どんど焼き、さいとやき、ほっけんぎょ、とも称される。

つまり、このような文字を焼く儀式は、冊のことであろうし、もと入れ墨を施した人間を焼く「暵」「熯」から、冊祭、燎、火祭、火把節(たいまつまつり)（雲南）、お焚き上げに移行した

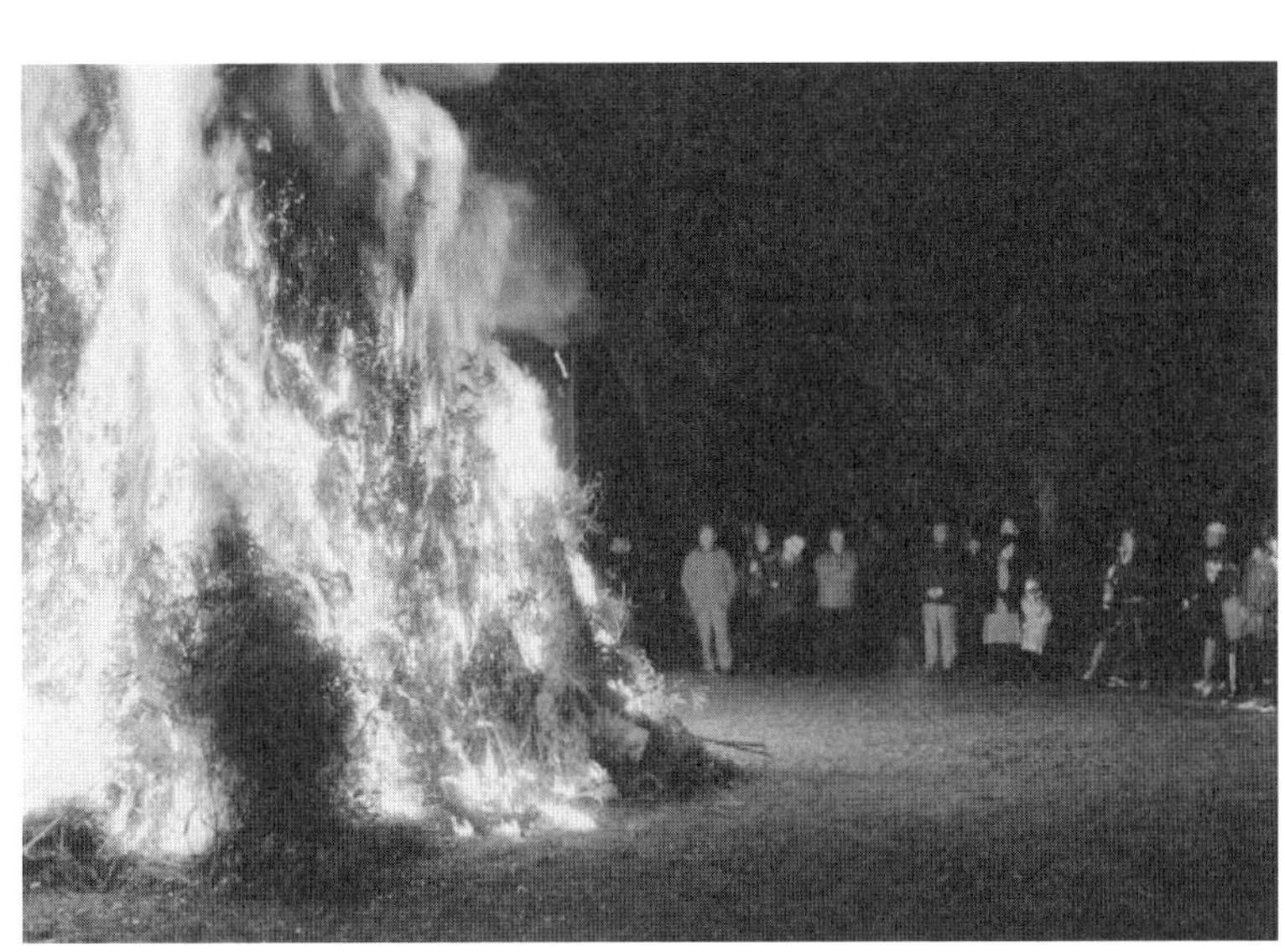

図２

名残りと、民俗学的に位置付けられるだろう。

また葬儀に際し、黒飯や黒団子（岩手県宮古市では墨汁をいれる地域あり）を供える風習が北日本に散在する。これらの習俗の原初が、「曠」「熿」と関係するかは不明である。

甲馬子（ジャーマーツ）

雲南の彝族や白族などには、松明祭りがある他、一部の少数民族や、日本でも火葬の際、死体とともに葬式道具や亡くなった人の身の回りの品を燃やす風習がある。また日本の絵馬に似ているもので大理辺りでは、甲馬という木版印刷物を燃やす風習が残っている。その内容はとても幅広く、白族の日常生活に深く繫がっており、画だけでなく、文字を燃やすこともある。

これらの習俗は、古代中原の習俗と共通性があるのではあるまいか(1)。

木主考

春秋の経、文公二年の条に「僖公の主を作る」とあり、漢代の儒者の間では、周代の礼として、埋葬を終えたのち家に帰って死者の霊を賓宮に祭る時、桑木の主を作って祭ったとされている。同じような木主についての言及は、『史記』の周本紀にも見られる。要するに、死者の霊魂に姿がないため、これを祭る形象として、立主の風習がうまれたと言われている。

この風習は我が国の位牌に似ており、人形に象ったもの、墓制を模したものの二系統の木主がある。諡や題は書されたり、刻されたようであるが、現在出土の木簡の中には、まだそれに相当するものは見つかっていない。

また『漢旧儀』によると、前方後円墳の木主には、無頭の甬人をつくって生時のように奉仕させたとあり、これはやはり殷代の殉葬習俗が、王墓から無頭の殉葬者が多くみられる事象と符合していることからもその名残りと見るべきであろう。

換言すれば、殷代以降、殉葬者の代わりに、木簡の木主を、用いることが主流になっていたのであろう。ただし、その文字表象が如何なるものであったのかは、まだ神秘のベールに包まれていると言える。

漢字という、欧米などの表音文字とは異なる文字表象には、その象形性だけで無く、×・十字（死の表象・呪禁）と墨という宗教性を纏った、不思議な呪力が込められているのだろう。

喪服としての黒

現在の中国の喪服は白色であり、葬儀を白事と呼ぶが、春秋時代は、黒色の喪服だったことはあまり知られていない。

因みに現在日本の喪服の黒は、仏教の影響である。

『左伝』僖公三十三年に、

墨以葬文公、晋於是始墨。

墨によって文公を葬り、晋はここで始めて墨した。

とあり、楊伯峻の注には

謂着黒色喪服以葬文公也。晋自此以後用黒色衰経爲常、襄二十三年《伝》云「公有姻喪、王鮒使宣子墨縗冒経」可証。

黒色の喪服を着て文公を葬った。晋は、これより黒色の衰経（「衰」は胸の前につけ、「経」は首と腰とにつける麻。中国で、喪中に着る麻布の衣服）を常とした。襄公二十三年の《伝》に「公に姻喪（外親の喪）有って、王鮒は宣子を墨縗冒経（黒色の喪服・かぶりもの首腰巻の麻）にさせた」とあるのが証拠である。

とあるが、これは入れ墨の代わりに黒色の喪服を使ったということなのであろう。

注

（1）本節は、特定非営利活動法人 日本・雲南聯誼協会 理事長、初鹿野恵蘭先生（中国雲南省昆明市生まれ）のご指導を賜った。

第六章　思想の基底となる階層と宗教

古代奴隷制時代の文身には多くの意味があるが、文物資料を見ると、殉葬人物にも文身がなされていたことは疑いなかろう。

この視角に基づいて殉葬思想と墨子の関係性を分析していきたい。

墨子の墨とは

ここでは、先ず近現代中国の碩学、銭穆（せんぼく）と郭沫若が、墨子の「墨」は墨刑、つまり入れ墨刑と解しているところから取り上げる。

彼らの説による墨刑、墨子、殉葬の関連を通して墨子思想の基底解析を始めたいが、概略的に言えば、銭穆の説を根拠にして墨子思想と殷周文化を対照していきたい。

以下に見る銭穆論の分析によって、墨子の「墨」は入れ墨、墨刑の意味であり、墨子は奴隷集団であると喝破された根拠を確認し、その思想を受けたはずの殷の末裔、宋国出身の墨家集団と殷代奴隷制、推移する時代文化とを照合し、思想の基底をなす観念から抜本的に捉え直したいのである。

銭穆の『墨子』によれば、「墨」は古代刑名の一つで、『白虎通』五刑に「墨とは、其の額を墨するなり。」とあり、『尚書』『周礼』『漢書』『孝経』の諸々の注疏も等しく墨を「黥」罪としている。鄭玄注に「「墨とは黥なり。まず其の面を刻し、墨を以て之を窒ぐ。」（周礼司刑注）とあり、墨罪は五刑中最も軽いもので、古人は軽罪を犯せば、往往にして罰せられ奴隷として働かされる。鄭衆が言うには、「今の奴婢なるは、古の罪人なり。」（見周礼司厲注）とあり、孫詒譲もまた「古人の凡そ軽罪俘虜も亦、罪隷、舂稾に入る」（周礼正義巻六九）と言う。よって、「墨」は刑徒であり、転じて奴役であることが知れる。

墨家の生活は粗末で、その道自ら苦しみて極みとなすので、よって遂に「墨」と称せられた。これらは墨が奴役の呼称であった証拠であるという。

以上のことからも、墨子の墨はつまり、墨刑の意味であり、よって墨子集団とは一種の奴隷集団と見做したい。

そして文献上の墨子の身分を銭穆の説によって検証すると、まず、

（一）『墨子』貴義篇に「子墨子、南に楚に遊ぶ。楚王、穆賀をして子墨子見えしむ。曰く『子の言は則ち誠に善なり。而れど君王は天下の大王なり。乃ち賤人の為すところと曰いて用いざるなからんや。』とあり、穆賀は墨道を賤人の所為となし、続いて墨子も自らを農夫庖人に比している。これは「墨」字に勞役の意義があった一つ目の証拠である。

（二）『呂氏春秋』高義篇に「墨子の弟子公尚過、越王の為に墨子を迎える。墨子曰く『若し越王吾言を聴き吾道を用いれば、翟、身度り衣とし、腹量り食ふ。賓萌に比して、未だ敢えて仕を求めず。』とあり、高注に「賓は客なり。萌は民なり。」とある。賓萌の意義は、現代の「客籍流氓（きゃくせきるぼう）」に喩えられる。許行は滕に至ってまた「願くば一廛（住む土地・屋敷）を受けて氓（ぼう＝移住民・他国から逃げ帰化した民）たらんと。」とあることから、許行も親操労作を主張している。これが墨字に労役の意義ある二つ目の証拠である。

（三）『墨子』備梯篇に「禽滑釐子（きんかつりし）、墨子に事えて三年。手足胼胝、面目黎黒。身を役して給使し、敢えて欲するものを問わず。」『淮南子』泰族訓に「墨子に服役するもの百八十人。皆な火に赴き刃を踏み、死して踵を旋さざらしむ可し。」とあり、墨子の弟子の服役から、墨字に労役の意がある三つ目の証拠となる。

（四）『孟子』尽心上篇に「墨子兼愛し、頂を摩し、踵を放ち、天下に利して、これが為にす。」とあり、趙岐

注に「頂を摩すとは、其の頂を摩突するなり。」とある。また『荀子』非相篇に「孫叔敖は突禿（とっとく）なり。」とあり、楊倞注に「突とは短髪を謂い、人に凌突（りょうとつ）すべきものなり。」とある。『焦循孟子正義』に「突禿の声転じて、突即ち禿。趙氏は「突明摩」を以て、其の頂髪を摩迫し、之が禿と為すを謂う。」とある。摩頂は今の禿頭を言う。古に髠罪があり、髪を切り服役する。墨家は苦役に当たり、摩頂截髪を惜しまず、髠奴に似て、冠髪の礼を講究しない。よって孟子は叱責したのである。踵を放つとは、礼を失しているという意味である。『荘子』上説に「墨子は跂蹻（ききゃく）を以て服と為す。」（天下）とあり、『史記』孟嘗君伝に「馮煖（ふうだん）、孟嘗君の好客、躡屩（じょうきゃく）なるを聞きてこれに見う。」とある。屩、蹻は同字で、一種の軽便で底のないくつであり、その躡屩をみれば礼を失している。また『史記』虞卿伝に「躡蹻担簦（じょうきょうたんとう）」とあり、虞卿は寒士で車に乗ることができず、徒歩である。軽便な底なしのくつをはき、貴族、君子の厚底のくつではない。屐は雨天にはくくつで、泥を踏むから蹻同様の平民苦力の装扎である。墨家は当時の貴族階級の冠履制度下から解放されており、「截髪突頂（せっぱつとうちょう）、穿鞋放脚（せんあいほうきゃく）」から刑徒奴役と同様であり、頭からつま先まで、礼に失していた。孟子の主張する礼によって天下を援ける姿勢から批判されたのである。これが、「墨」字に労役の意義のある四つ目の証拠である。

（五）『荀子』礼論に「天子の喪は、四海を動かし、諸侯を属し、諸侯の喪は通国を動かして大夫を属し、大夫の喪は、一国を動かし修士を属し、修士の喪は、一郷を動かし朋友を属し、庶人の喪は、族党を合して州里を動かす。刑餘の罪人の喪は、族党に合することを得ずして、独り妻子のみを属し、棺椁三寸、衣衾三領、棺を飾ることを得ず、晝行くことをを得ず、民日殣を以て凡縁にして往きて之を埋め、反りて哭泣の節無く、衰麻の服無く、親疏月數（しんそげっすう）の等無く、各々その平に反り、各々其の始に復り、已に葬埋すれば、喪無き者の若くにして止む。夫れ是れ至辱と謂う。」これは、墨家の薄葬の非礼を批判している。

『左傳』に「若し其の罪有れば、絞縊以て戮し、桐棺三寸、属辟を設けず。」（見哀公二年趙簡子之誓）いまの墨子の主張は、桐棺三寸の葬礼は、刑余罪人に等しく、故に荀子は至辱と叱責する。これが墨家「墨」字が、黥墨罪人の意である証拠である。

（六）『荀子』王霸篇に「是を以て天下を県じ、四海を一にするに、何が故に必ずしも自ら之を為さんや。之を為す者は役夫の道なり、墨子の説なり。」これは明白に墨子の役夫の道の説を批判している。これが墨家「墨」字が罪人服役の意の証拠である。

と文献を駆使して論証する。それを受けて郭沫若は『青銅時代』で、

近人銭穆謂〝墨〟本刑徒之稱、又解墨子兼愛、摩頂放踵一語、以為摩頂者摩突其頂。蓋效奴作髠鉗、所以便事。放踵則不履不綦、出無車乘。這種解法頗近情理。或者他的先人是職司刺墨的賤吏、後世以為氏。總之墨子和老子、孔子比較起來、出身當得是微賤的。

近代の人の銭穆は、〝墨〟を墨刑の徒の称と言い、また墨子兼愛し、頂きを摩し踵を放すの一語を解き、頂きを摩すとは、その頂きを摩擦させることであるとする。多分、奴隷を短髪にさせ、事に便利にした。踵を放して履かず綦ずとは、出て車に乗らないのである。この種類の解法は情理に非常に近い。あるいは彼の祖先は職が刺墨の賤吏で、後世姓にしたのか。要するに墨子は老子、孔子と比較すると、出身は卑しいとすべきである。

と述べていることからも、墨子のいで立ちは罪人、奴隷、原住民に近かったのであろう。

この墨子の身分を前提にして、次の入れ墨奴隷集団としての墨子集団と殷周文化の対比という構図を考えていきたい。

墨子とギルドの関係

ここで白川静の墨子論を一瞥しておきたい。白川に拠れば、儒が巫祝の古称から出ているように、墨とはもと墨刑を受けた徒役者だとする。

西周期の金文や文献に「百工」の名が見えるが、臣妾などと一類とされる不自由民だった。百工は、起源的に入れ墨を入れた受刑者に多く、神の徒隷であるとされ、器物の制作者、生産者として、王宮や貴族に部曲として隷属した職能的氏族が、擬制的な形態を以て集団化したものと白川は考えた。

儒家の文献の総集である『礼記』に、喪葬に関するものが圧倒的に多く、それに対して、『墨子』に機械、兵器の種の文献が多いことをその証左としている。

西周後期の金文である師毀𣪘に「汝に命じてわが家を死(をさ)めしめ、併せて西偏東偏の僕馭・百工・牧・臣妾を司らしむ」という任命が記されているが、百工・牧・臣妾は東西の両部に編成されており、また伊𣪘に「王、令尹封をよびて伊に策命せしむ。併せて、康宮の王の臣妾・百工を官司せよ」と命じていて、これらの百工は康宮と呼ばれる先王の廟に属する徒隷であったとする。

殷の時代、青銅器などを制作する技術を有し、甲骨、金文を操ることができた階層がいかなる奴隷であったかは、即断はできないが、そのような貴族の文化を継承した集団が墨家であったことは、十分想像できる。その卓越した文字力、語学力によって、諸子百家の時代に、目の覚めるような合理主義的思想を開花したのかもしれない。

宋国に残された殷の貴族たちが、不自由民の立場で、残された祭器等の技術を継承し発展させ、独自のギルド的集団として、日陰で活動していたと考えることはできるだろう。

思想の源泉

前節までの銭穆や白川静の墨子論に従って、墨子の墨を入れ墨と仮定するならば、殷代の文物資料の解析によって、当時人身供犠に於いて供犠者に入れ墨が施されていたこととの関係性を分析しなければならないだろう。

先にその供犠の実態を二つに分け、刑罰としての処刑、食人と、死者に死後も仕えるための供犠とに分類したが、そこから更に殉葬の形態を人牲と人殉に系統付けて墨子の墨を入れ墨と解した銭穆、郭沫若の説を踏まえても、墨子集団、墨子民族が刑罰を受けた奴隷的身分であったという説を敷衍できる。

そして、その奴隷として供犠とされる立場（聖、罰両用）が故に、身の危険への懼れから節葬を唱え、また殷族の流れを汲む宋国の思想であるが故に、殉葬を否定せず、「義」による殉葬という美学に収斂させたと考えたい。

つまり非攻篇に見られる侵略の否定は、人牲の否定であり、天志篇、明鬼篇に見られる上帝、鬼神の肯定は、人殉の肯定と人命尊重との葛藤の中で、節葬篇という思想を生み出したと考えたいのである。

微子啓と宋

中国の研究者王恩田は、河南省鹿邑県太清宮（宋国の都のあった商丘市の南に位置する）で発見された殷末周初の諸侯クラスの大墓、長子口墓の被葬者が、殷の帝乙の長子、紂王の兄に当たる微子啓、あるいは微仲であるとする説を二〇〇二年に発表した。日本の松丸道雄氏もこれに賛意を示し、その被葬者が微子啓であるという補証を行った。これは、墓の被葬者の名号「長子口」など、この名号を刻した青銅器が多く発見されたことによる。

長字は実は微字であり、あるいは古文字の字形の類似から後代に混同されたとする説、名の口が啓字の省略体であるとする説を根拠とするが、未だ疑義紛々たる議論がなされている。但し、想像力を掻き立てる面白い説とは言えるだろう。

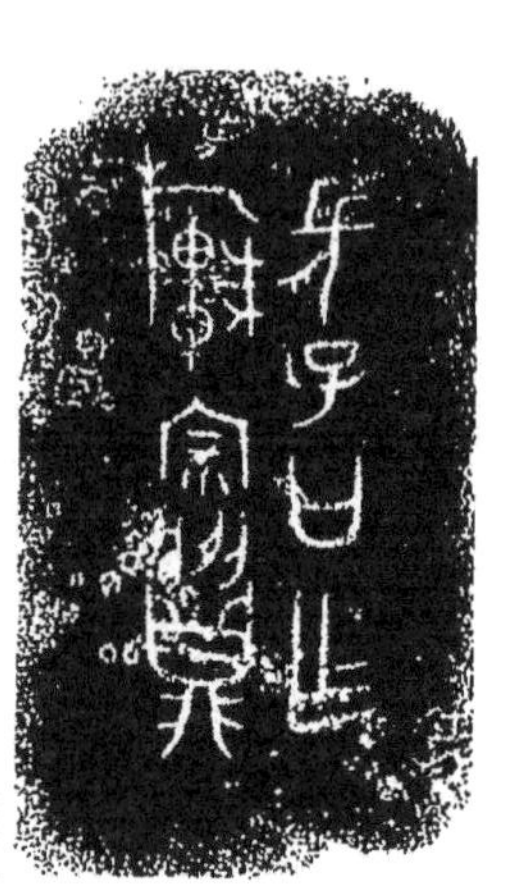

図１　長子口卣

節葬の核心

そもそも思想とは、具体性と抽象性の振幅の中で変貌、生育されるものであるとすると、殷族との連続性と墨子思想を考えたとき、殷が滅亡してから、墨子思想が誕生するまで、凡そ五〇〇年の過程があるはずだ。思想（観念形態）とは、一朝一夕に変わるものではなく、思想を生み出す条件となる環境と体験、そして抽象化されうる結果は、違ったイデアであり、両者は、陰陽が糾うように進展してきたのだろう。

墨子は諸子百家の中で、殉葬を忌避した言説を残した論者である。

節葬論は下篇しか現存していないが、派手な葬儀は生産の妨げになるとして、儒家の厚葬久喪に反した説を説き、殉葬批判を力強く唱えている。

曰天子殺殉、衆者数百、寡者数十。将軍大夫殺殉、衆者数十、寡者数人。処喪之法将奈何哉。

天子の葬儀にあたっては、殉死者として殺す人数は、多い時には数百人、少ない時でも数十人である。将軍、大夫の場合は、多くて数十人、少なくて数人。喪の法として如何であろうか。

節葬篇は殉葬批判でもある。これは、殷以来の文化を継承する殉葬、人身供犠に用いられた墨子集団にとって、切実な問題であったと考えられる。

もっと想像を逞しくすれば、墨子の墨とは入れ墨であって、黒（入れ墨）と土で構成されるその文字形は、入れ墨を入れたものを土に埋める殉葬を原義としていたのかもしれない。

つまり、節葬篇の核心には、殉葬への嫌悪感があったと考えてもいいだろう。

その昔、半農半狩猟の部族は、縄張り争いが多く、強力な敵の首（霊）は相手側の力を減らし自集団の霊力を増強すると考え、このようにして集まった首は棚にずらりと並べられ、村落の繁栄を祈る一種の祭壇とされていた。そして農耕民の間では、霊の数が増えることで生産力が増強されるものと考え、作物の豊穣、家畜の増産、部族民の多産の儀式に、首が供えられていたのであり、厚葬を人口の減少と結び付けるという発想は、その時代と部族（殷の百姓・苗）を全面否定することになる。一八〇度変わった合理主義によって変貌された事件であったと言えるだろう。

また節葬には、殷、周、秦、漢と続く死後の宗教、土の中の世界、墳墓の奢侈への冷徹な眼差しがあったとも言えるだろう。

人性批判と非攻論

墨子殉葬論から推測すると、「非攻篇」の侵略戦争批判には、捕虜として人身供犠に用いられること（人牲）への、忌避もあったと考えられる。

当時の兵刑未分の状況下に於ける戦争での馘首（かくしゅ）は、刑罰としての斬首との同一性を指摘できよう。その首級の行く先は、『詩経』魯頌、泮水に、

明明魯侯　克明其徳　旣作泮宮　淮夷攸服、
矯矯虎臣　在泮獻馘　淑問如皐陶　在泮獻囚

よく勤めし魯侯、よくその徳を明らかにし、すでに泮宮を作り、淮夷を征服した。勇猛な家来が泮宮に敵の馘をたてまつる。調べ問うこと皐陶に似て、泮宮に虜囚をたてまつる。

とあり、凱旋の儀式が挙行され、俘虜とともに神前に供され祭られる「人牲」であることが分かる。ここで図示すると、

天志篇
↓人殉の宗教性への担保として進展
明鬼篇

〈人性批判〉↑非攻篇
当事者である墨子集団にとっての殉葬↑〈批判〉首狩り批判
〈人殉批判〉↓宗教論へ

と、なる。

人殉と宗教性

前図のように、墨子思想の基底には、やはり殷族の習俗との連続性を想起する必要があったのではなかろうか。

但し非攻篇、節葬篇ともに、その所業（戦争・厚葬）が、天帝、鬼神への祭祀をなおざりにするという文脈で、逆に批判されている。

戦争・厚葬＝祭祀の充実とする殷・西周〜春秋時代から、春秋・戦国以降（前五世紀末〜前二二一年）期における墨子の戦争・厚葬＝祭祀の妨害とする反転した発想には、天下というスケールで「国家の富」「人民を衆く」「刑政の治まる」をテーマとする思想によって、刷新された感が残る。

この表面上の古き祭祀観（人牲）の封印も、時代性（時代の産物という側面）とともに、墨子ならではの意図的なものであったのではないだろうか。

これらの思想を、このまま額面通り受け取っていいのか、そこに盲点（批判されるべき現実）が隠されているのか、引き続き注視して論を進めて行きたい。

奴隷制と非命篇

奴隷制を如何に定義するか。一般に奴隷制とは、人格（精神の自由）を否認され所有の対象として他者に隷属し使役される人間、つまり奴隷が、身分ないし階級として存在する社会制度を言う。そして古代中国の場合図示すると次のようになる。

私的な強制労働　家内奴隷〈主人への絶対的服従と勤労〉↕生存の権利の剝奪→殉葬
〈生産奴隷？・〉

非命篇では、拘束された立場等に於ける宿命論に対し、人間の勤労・努力によって乗り越えられる旨を説き、さらに善意に因る天命論を肯定する。

つまり、孟子《盡心上》「墨子兼愛、摩頂放踵（頭頂磨禿、腳跟磨破）利天下。」の根拠になっている観念形態である。

池田知久氏は墨子の集団形態について、

…これに反対して墨翟は古く君主・貴族に隷属していた職能氏族をギルド的工人集団にまとめあげ、その最高リーダー鉅子として兼愛（相互愛の普遍化）と非攻（反戦平和）の実現のため、王侯・貴族に対する説得や被侵略国を助ける城郭守禦といった実践活動を指導した。

と述べる。

その古く君主・貴族に隷属していた職能氏族から派生したギルド的工人集団が、その主体性を持ちえない隷属や自暴自棄に陥った場合に、天利によって還元させるとする、勤労、新奴隷制肯定論としてその装いを新たにしたものと考えられる。

つまり、勤労的奴隷観念は一貫しているが、対象が変わり、精神の主体性を獲得していると言えるだろう。善悪の裁定者である上天への絶対的信頼を措定し、勤労と節約に努めることを人々に奨励し、それによって実現する社会全体の発展は神の予定するところとするのは、ピューリタンの信条と類似性を持つと言えよう。

換言すれば、非命論は、貧富・衆寡・治乱などは、それぞれ命として決定され脱しようもないとする階級差別や理不尽、不可避な有命論への批判である。墨家は、有命論を人間の勤労を妨げるものであると考え、勤労精神を民衆に呼びかけ、勤労を無視する時弊を排除し、社会倫理を醸成させることにより、生産力を増強して国を富まし、民衆の福利を計ろうとした。

それは古代中国の「命」の中で、全ての人に下される善悪双方の結果が、人為的努力の如何に関わらず決定済みという宿命型を否定しながら、上帝が特定の人物に善意で命を下すとする受命型は肯定する、神の奴隷論とも言えるだろう。

殉葬の美学

孟勝の故事として、『呂氏春秋』上徳篇に

墨者鉅子孟勝、善荊之陽城君。陽城君令守於国、毀璜以為符、約曰「符合聴之」。荊王薨、群臣攻呉起、兵於喪所、陽城君与焉、荊罪之。陽城君走、荊収其国。孟勝曰「受人之国、与之有符。今不見符、而力不能禁、不能死、不可。」其弟子徐弱諌孟勝曰「死而有益陽城君、死之可矣。無益也、而絶墨者於世、不可。」孟勝曰「不然。吾於陽城君也、非師則友也、非友則臣也。不死、自今以来、求厳師必不於墨者矣、求賢友必不於墨者矣、求良臣必不於墨者矣。死之所以行墨者之義而継其業者也。我将属鉅子於宋之田襄子。田襄子賢者也、何患墨者之絶世也」徐弱曰「若夫子之言、弱請先死以除路。」還歿頭前於。孟勝因使二人伝鉅子於田襄子。孟勝死、弟子死之者百八十。三人以致令於田襄子、欲反死孟勝於荊、田襄子止之曰「孟子已伝鉅子於我矣、当聴。」遂反死之。墨者以為不聴鉅子不察。厳罰厚賞、不足以致此。今世之言治、多以厳罰厚賞、此上世之若客也。

とある。

墨家の末裔、孟勝は『呉子』で有名な呉起（前四四〇－三八一年）と同時代の人物であるが、呉起は楚の悼王に迎えられて宰相を務めていた。しかし悼王が亡くなったことにより、呉起は抑圧していた貴族たちに報復を受け殺害される。悼王を継いだ粛王は呉起暗殺に加担した貴族全員を処罰する方針を固め、その貴族の一人の陽城君は出奔し自らの城邑に戻った。楚軍に攻められることとなった城邑防衛のために陽城君は、かねてから親交のある孟勝に防衛を依頼したのである。

しかし度重なる猛攻に防衛が絶望的になると、孟勝は契約不履行の責任を取るために集団自決をしようとする。これに対して弟子の一人・徐弱が「鉅子（墨家のトップ）のあなたが死んでしまえば墨家の系統は途絶えてしまう」と反対。孟勝は以下のように返答する。「ここで責任を取らずに死を逃れたら、それこそ墨家は信用を失い滅んでしまうだろう。私が死んだ後は宋の田襄子が鉅子を継いでくれるだろう」。

孟勝は田襄子に鉅子の位を譲る使者を出した後、指揮下の墨者一八〇人全員と共に自決した。田襄子に譲位を伝達した使者二人は田襄子の制止を振り切って城邑に戻り、皆の後を追って自決した。

以上のように孟勝の下の墨者たちは狂信的と言えるほどに思想を実践して殉じていたのである。

殉葬の人牲を批判した、墨子集団は、人殉については条件付きで肯定し、その人殉の哲学として義の哲学を構築するに至ったのであった。

「大取」篇にある「己を殺して以て天下を存するは、己を殺して以て天下を利するを是とするなり。」の天下の利の為に己を犠牲にする思想が、ここにも反映されているのであろう。

第七章　墨子新原論と賞罰

墨子に於ける殷代の習俗──赤塚説の継承と墨子と殷を繋ぐ発想の提起について

赤塚忠によれば、墨子書は、兼愛・尚同・非攻各上篇を最早期の成立として、兼愛・尚同各中・尚賢・節用各上篇の諸篇がそれに続き、次いで兼愛・尚同各下・天志上・非攻・節用各中の諸篇が成立し、最後に尚賢中・尚同・非楽・明鬼各下・非命上・中・下・天志中・下・節葬・非攻・非儒各下篇が成立したと考えられ、さらに兼愛論・尚同論・非攻論の根拠として天志篇を前提としていると考え、現在の天志篇になるまでに幾つかの段階があったという仮説を提起している。

そしてそれは甲骨卜辞・金文等の出土資料、『詩経』の原義的解釈、先秦文献を用い論証する手法に拠っており、墨子学派は、古代の上帝観念を驚くほどに強く継承し、そこで墨子自身も天帝の宗教観念を持っていたと推察したのである。

更に、昨今、山辺進氏は、後に赤塚説を強く批判されているものの、部分的に、既に殷代の人々は上帝を下土の安寧を希求する存在として認め、その意志に従って、社会の安寧を維持すれば、上帝の降雨によって豊かな豊饒を齎し、逆に上帝の意志に逆らって、社会秩序の混乱を招けば、大雨、旱魃という自然災禍や塞外民族の侵入という人為的災禍を降すという賞罰論を有しており、墨家の天観はその賞罰論に於いては、伝統的天観を継承しているとする。

従って、それを構成する天の賞罰論が、伝統的天観の延長線上に位置することについて言及し、墨家の天観が賞罰論を中心に成立しているのではないかという説を一先ず唱えている。

賞罰論という基軸と天観への批判―墨子を中心とする諸子百家の基底をなす観念の胎動

墨子に於ける賞罰論は、山辺氏に拠ると、天の賞罰と政策としての賞罰の二つの系統で整理されており、さらに、初めて説かれた賞罰論は、現実の世界を念頭に於いて思索されたものではなく、ある特定の社会に限り既に機能していたものを、現実の世界でも応用させようとしたものと考えられている。山辺氏は続いて、墨家の賞罰論の大部分は天の賞罰という外的圧力に向けられ、それによる同一の価値観によって天下を統合することが可能と考え、賞罰の行使者が為政者から、天・上帝という宗教的存在に変わったに過ぎないとした。

そして最も古いと断じた兼愛・非攻上篇に天の記述がみられないこと、中篇も同様であり、それに加えて政策としての賞罰論の片鱗もみられず、具体的な痕跡が確認できないこと、また天の記述の引経も兼愛・非攻上篇に見られず、それを自家の主張に昇華する際に用いたと考えられることから、尚同論に於ける天とは、統治理論の理論発展に左右される存在に過ぎず、墨家思想が帰納されるような天観が先行していたとは認められないと、赤塚説を批判した。

では何ゆえに天を持ち出したかという点については、自家の説の正統性の付与と現実社会に適応させる為に公の論理を導入したとする。

であるならば、赤塚説の兼愛論・尚同論・非攻論の根拠として天志篇を前提とし、現在の天志篇になるまでに幾つかの段階があったという説は全くの想像の産物だったのだろうか。

『墨子』に於ける苗族の存在意義

ところで悪役としての苗族についての記述は、尚賢中、尚同中、兼愛下、非攻下の計四か所に確認できる。その中でも例えば、兼愛下篇では、

「且不唯《泰誓》為然、雖《禹誓》即亦猶是也。禹曰『濟濟有群、咸聽朕言、非惟小子、敢行稱亂、蠢茲有苗、用天之罰、若予既率爾群對諸群、以征有苗。』禹之征有苗也、非以求以重富貴、干福祿、樂耳目也、以求興天下之利、除天下之害。」即此禹兼也。雖子墨子之所謂兼者、於禹求焉。

そのうえ、ただ『泰誓』だけに聖王の〈兼〉を実践させた証拠が記されているのではない。『禹誓』にも同様な証拠がある。そこにはこうある。『禹は言われた「ここに集合した多くの人々よ。みな余が言をしっかり聞け。余のごときつまらぬものが、この度兵を挙げるのは、みずから進んで戦乱を開こうとしてではない。春めき蠢く虫けらのごとき有苗の暴虐さはまさに天の罰を下すに相応しいからである。ここに余はなんじら群邦の君長たちを率い、天に代わって不義の有苗を征伐せんことを誓う」と』禹が有苗を征伐したのは、自分の富貴を増し、福禄を求め、官能の享楽をめざしたからではない。彼はまさに天下の人々の利を興し、その害を除こうと考えたからである。これこそが、禹が〈兼〉を実践された証拠に他ならない。」わが師、墨先生の主張される〈兼〉もひたすらに禹に手本を求めたものと言えよう。

とあり、内容的には禹の苗征伐（賞罰）であり、非攻篇以外は引経の形で登場する。つまり引経である以上、墨家の古い部分と考えられる兼愛・非攻上篇に見られないため、後に付加された思想である可能性は指摘でき

るが、この故事が刑罰の正当化の再構築、〈兼〉の根拠となっていることは見逃せない。

また罪に就いての由来を、兼愛篇では「虧人而自利（人を虧き人自ら利す）」と説明している。つまり、人を害して自分が得すると言う、抽象的な観念にまで成熟している。この罪の定義が、墨子のエッセンスとして各篇の具体論へ演繹されていることは看過できないであろう。

禹の行いも、この観念を中核に据えた「兼愛公利」の思想に収斂されるものと考えられる。つまり悪役とする者の過去の実態、苗族のテロリズムに対するその刑罰の有り様の葛藤と反省を超えて、墨子の思想は構築されているのである。

また、殷の末裔として宋国に封じられた貴族と辺境に逃げた百姓が居たのであろう。その百姓が苗と総称された可能性がある。ここでは、その立ち位置と知識を有した貴族として、峻別しているとも考えられる。

『墨子』に於ける罰としての五刑観への夢想—墨子と殷代の名残

墨子思想の根幹に賞罰観念が存在することは既に触れたが、具体的な罰（×）についての実態として、旧書の『墨子』十論中で、所謂「五刑」（墨（いれずみ）、「黥」・劓（ぎ・はなそぎ）・剕（ひ・あしきり）、「刖」または「臏」・宮（きゅう・去勢）、「腐」または「椓」・大辟（死刑）、「殺」）は尚同篇に確認できる。

その上篇中で、

是故子墨子言曰「古者聖王為五刑、請以治其民。譬若絲縷之有紀、罔罟之有綱。所連收天下之百姓不尚同其上者也。」

このようなわけで、墨子先生は言われた。「古の聖王は五つの刑罰を作られ、誠によく人民を統治された。ことわざにあるように、乱れた糸は正せばいい。もつれた綱は張ればよい。ちょうど聖王が五刑を作られたのは、天下の人民の中で上に尚同しないものを数珠つなぎに収容するためだった。）

とあり、最終句の総括として、尚同のための方便とされている。また中篇に於いては、

今天下之人曰「方今之時、天下之正長猶未廢乎天下也、而天下之所以亂者、何故之以也」。子墨子曰「方今之時之以正長則本與古者異矣。譬之若有苗之以五刑然。昔者聖王制為五刑、以治天下。逮至有苗之制五刑、以亂天下。則此豈刑不善哉。用刑則不善也。是以先王之書呂刑之道曰『苗民否用練折則刑、唯作五

殺之刑、曰法。』則此言善用刑者以治民、不善用刑者以為五殺則此豈刑不善哉。用刑則不善。故遂以為五殺。」

いま天下じゅうの人々が次のように質問する。「現在我々の上には天子が君臨し、今でも人々から廃位の憂き目に遭ったわけでもないのに、天下がこんなに乱れるのはなぜか。」と。対して墨子先生が答えるには「今の天子は、もとより昔の場合と異なっている。たとえるに有苗が五刑を用いているようなものである。昔聖王は、五刑を定めて天下を治めた。有苗が五刑を制定するようになると、それによって天下を乱した。つまり刑が善くないのだろうか。そうではなく運用が善くないのである。だから先王の書、呂刑に言う、有苗の君はよき徳をもって治めず、裁くに刑罰があり、五殺の刑（虐殺刑）を作って法となしたと。つまりこれは、善く刑を運用するものは、人民を治め、善く運用しないものは五殺の刑をなすことを言ったのである。これはどうして刑がよくないのであろうか。刑の運用が善くないから五殺の刑なすのである。

とあり、五刑は尚同の目的を達する聖王の手段であったが、その目的には変わりないがないものの、むしろ治者の政治手段とされて、それが政治批判の対象にされている。

そもそもこの思想構造は、いわゆる「託古改制」であって、やはり苗族（原住民・夷狄）の姿が現実であり、聖王の五刑の運用は理想像に過ぎない。よって、この現実と理想の倒錯観を先ず把握せねばアナクロニズムに陥った解釈に収斂されるのは、不可避である。

つまり時代を支配する思想の推移を示すものであり、殷代の流れを汲む墨子は、やはり**苗族の五刑（殷以来の虐殺の現実）→聖王の五刑（理想）→尚同（手段）**と系統付けられる。

これは賞罰論が墨子の天観と密接な関係にあり、また墨子の天観が逆に賞罰論を中心に成立していること、さらにその天観が殷代の天観を継承していることから逆算しなければならない。すると殷周時代に於ける、帝・上帝・天に関する宗教観の内、天は常に社会の安寧を希求し、下土の状態如何によって賞罰として、豊饒もしくは災禍が降るという賞罰論の基本形態は、墨家とほぼ一致していることがわかる。

また墨子に見られる、禹の三苗征伐は侵略戦争でなく、誅伐と主張して正当化しているのは、社会の安寧を乱した為政者の暴政に対して天罰が降るという天の賞罰論によって起因している。

これらの叙述は、罰としての五刑の内実を知る上で、殷代の残照と反省、そして新たな理想像として投射されている姿が見事に描写されていると言えるだろう。

思想習俗史と天志篇の存在

そもそも賞罰という観念の前提には「罪」があり、実行形態として「刑」がある。図示すると、

上帝・鬼神・天↓徳・罪↓賞罰↓賦利・刑
↑供犠

更に罪と言う観念には、宗教というものを想定する必要がある。

さて、現在の天志篇についてみれば、そのほとんどが後世の作であるが故に、天観を基軸とした賞罰論が骨子になって出来過ぎている。その故もあってか、墨家は天の存在を利用して自説の弱性を解消しようとした粉飾論がある訳であるが、ここでは、墨子殷代継承論の赤塚忠説を確認したい。

墨子学派の天が宗教的至上存在者を指すことに議論の余地はないが、天志篇では、家、国等の集団の上位の絶対的存在として表象され、その本質を義と規定した上で、特に万民を統治する君主に比喩される。そして後期になるほどその傾向が強い。

墨子学派の天は、集団的主宰であって、個人的な信仰に訴える宗教論、または単なる伝統的観念の復活とは異なる点には注意が必要である。

つまり天志篇は墨子自身のものでなければ、初期のものでもない。但し天志篇は尚同の主張の前提として成立しており、天志篇が尚同篇と同一口調で天子以下の組織を説いているのは、その証左であろう。天志と言う主張そのものが後期のものであるという訳ではなく、尚同篇が天志を前提としているのであるから、現在の天

志篇とは異なった論理の主張が先にあったはずで、それはまた、兼愛篇の主張の根拠でもあったとしなければならない。現在の兼愛上篇、非攻上篇には天志は見えないが、尚同篇同様、原型が失われ、天志篇になって不自然に復活したと考えられ、現在の天志篇になるまでにいくつかの段階があり、恐らく兼愛の根拠となるものと、非攻ないし尚同の根拠となるものと、現在のものとがあったと赤塚は考えた。

天の存在は、擬人的であり、それ故好悪の意欲と賞罰の積極的行動がある。しかし、墨子学派の天は、天下集団の主宰であり、義の統率者であるため、天の賞罰とは集団主体の機能、集団強制力の神秘的表言であるが、祭祀への顧慮があったことは、疑いようのない事実である。

要するに、殷代の帝は、自然発生的な集団神から発展して、王朝の主宰者となったもので、祈年祭という祭儀に顕著であるように共同目的を示し、その集団維持の機能を行い、共同体を維持する共同性の聖実在を本質とする。逆説的に言えば天の子のみが人間であり、それ以外は動物も同等だったのだろう。

その文脈で考えると墨子学派の天鬼の伝承と驚くべき一致があり、多神組織、天子は天を祀らねばならないこと、またこれは墨子学派に限ったことではないが、天の集団性を伝え、共同性の復活を叫ぶものと赤塚は解している。

罪の観念と明鬼篇

普遍的な罪の観念形態を図示すると次のようになる。

宗教の存在↓罪↓刑罰

ところで、明鬼下篇は鬼神が存在し、それが人間に賞罰を与える能力をもっていることを証明しつつ、それを政治に利用して民衆が兼愛論を実行するのを促した論である。そして当代の混乱は鬼神信仰の弱体化にあるという認識から、鬼神の存在を証明することを目的とした五つの説話と詩書を引用している。ここに挙げると、

1 周の宣王によって罪もないのに殺された杜伯が祟りを齎した説話。
2 秦の穆公が積善をしたことで上帝がその寿命を延ばした説話。
3 燕の簡公によって罪もないのに殺された荘子儀が祟りを齎した説話。
4 宋の祝観辜が神事を怠って罪を受けた説話。
5 齊の中里徼が神前で虚偽の宣誓をした為に、罰を受けた説話。

となるが、4の祝観辜の辜や辠など辛を含む「つみ」の字の方が、罪という字より古い用字であることを先に断っておきたい。

さてこのうちの5について詳しく見ると、

むかし斉の徼荘君の臣に、王里国と中里徼という者がいた。この二人は訴訟をおこして三年も裁きがきまら

なかった。斉君は、二人とも殺せば、無罪の者を一人殺すことになるのを恐れ、二人とも釈放すれば、有罪の者をとり逃がすことを恐れた。そこで二人に一匹の羊を供えて斉の神社で盟わせることにした。二人はそれを承諾した。そこで穴を掘って羊の頸を斬りその血をそそいだ。王里国が誓辞を読むと、何事もなく終わった。中里徼が誓辞を読むと、まだ半分にならないうちに、羊は起きあがって中里徼に触れた。中里徼は脚をくじき蹶いた。神霊が至り中里徼をたたき、これを盟いの場に打ち殺した。

この時、お供の斉の人々はこの有様を見ない者はなく、遠くに居た者はこのさわぎを聞かないものはなく、この出来事は記録され斉の「春秋」にある。諸侯は伝えてこのことを語って言った、凡そ神前の盟誓において誠実の欠ける者は、鬼神の誅伐を受けること、かくのごとく速かであると。

例えば5の羊神判に因んだ文字として例示すると、

〔法〕灋　ホウ　のりのっとる　てだて

金文

会意　正字は灋に作り、水＋廌（たい）＋去。廌は神判に用いる神聖な羊に似た獣で獬廌（かいたい）とよばれる。それを原告と被告がそれぞれ提出した。去は大＋凵（きょ）の会意字で、大は神判に敗れた人、凵は獄訟のとき自己詛盟した（偽りがあれば罰を受けますと神に誓った）盟誓の器の、蓋（ふた）をとり去った形。敗訴者の盟誓は、虚偽として蓋をとり去って無効とされ、その人（大）と、また獬廌もともに水に投棄され、すべて廃棄される。法はその廌を省いた簡略字である。神判による敗訴をいう字である。〔墨子〕明鬼下に羊神判の方法が根拠となる。[1]

つまり賞罰論を民間信仰を取り込むために粉飾した章と仮に考えても、墨家の周辺にそういう故事が通底し多く残存している環境に気付かなければならない。先鋭的でロジカルな墨子の兼を基軸とした賞罰論は、過去の反省、反動であり、周回遅れの人たちが多くいた、いやそういう人たちが多数で、その土壌が背景であったと言えないだろうか。つまり墨子を取り巻く環境には殷の習俗が多く残存していたのである。

少しく総括すれば、墨子思想の基幹にある賞罰論、特に罰の思想は、殷代以前の習俗である「×」「罰」「バチ」の観念を根底に据えたものとすれば、明解ではなかろうか。

「鬼神哭す」の意味

『淮南子』本経訓に「昔、蒼頡書を作りて、天は粟を雨ふらし、鬼は夜に哭せり」とあるが、その意味するところは何であろうか。

文字を伴った言語には、あらゆる対象に名称を付け、それら万物、万名を分類し、渾沌たる世界を整然と秩序化する機能がある。すべての対象が論理的に追及され、鬼神は探索によりその存在が否定され、己に危険が及ぶことを予感し、哭したのであろう。つまり文字というロジックによって、宗教が崩壊する危機感の表れの文言とも言える。

入れ墨模様から文字へ、人身から木簡へ、宗教からロジックへ、と向かうその趨勢に墨子はいる。入れ墨集団である墨家の、超保守派（宗教派）が進歩派（論理派）に変貌する過程は、まさに自己撞着の結末に導かれる。

諸子百家の時代、それは諸侯までもが、青銅器の銘文を鋳込む技術を自ら持つようになり、西周王朝が文字と呪術を占有する時代は終わりを告げる。

つまり諸侯においても文字が機能し始める。文字と呪術の解放の時代、それが諸子百家の時代であり、墨子思想の時代でもある。

墨子は、超保守派であり、超進歩派であるという矛盾の故に、歴史から姿を消すとも言えるが、そのロジックとして、戦争の勝利の末の平和ではなく、侵略しない平和（守戦のみ）を唱えた墨家は、戦国縦横家たちが、跋扈する弱肉強食の時勢に、その理想主義、非現実主義故に、時代から取り残されていくのである。

また殷族末裔として牧野の戦いの敗北という反省から汲み取られた、異端者・少数派の弱者の思想は、その深い慟哭とともに地下に潜り、敗北者、身分の低い奴隷として常に前線に遣られる身の危険な立場にいるものの思想として、歴史の折々に姿を現すに留まることになる。

時代を支配する思想と、集団独自の思想との変貌

池田知久氏は、墨子思想の中核に就いて、

天志上中下篇（また法儀篇も）は鬼神よりもいっそう超越的で賞罰能力の大きい天を動員して、天子や三公・諸侯の支配権の正当性を解明しながら、おもに天子に対して最上位者たる天の欲する義（＝兼愛論）を実行せよと求める。もともと墨家は諸思想に根拠を提供するオルガノンとして、第三類の論理学・自然学をもつ合理主義者たちの集団であった。その墨家が集団メンバーの下層庶民や広く民衆の間に信仰されていた鬼神・天の宗教を利用したのは、兼愛論を早く実現して天下に平和を回復したいと願ったからであった。こうして墨家は非合理主義に転ずるとともに、その兼愛論の内容もいよいよ一君万民の専制支配を目ざすまでに変質していく。

と述べるが、尖鋭化した政治思想である墨家の合理性と宗教性の関係についての見解は、山辺氏も同様であろう。その合理性に天という宗教性を利用し、説得力を高めんとしたのが通説であろう。しかし池田氏は一方で、墨子の来歴に就いて、

墨は姓というのが古くからの説。しかし正しくは墨刑、額に入れ墨をする刑罰のことで、彼の労役を尚ぶ学風があたかも賤役に従事する刑徒・奴隷のようなのを誹って当時の儒家や上層貴族がつけた綽名（あだな）。下層庶民を代表する彼はむしろこれを誇りとして自学派の称とした。翟は名。身分は当時最下層の工人で、それゆえ姓が伝わらない。宋国の生まれ。経歴はほとんど不明。墨翟の説話は数多いが、大部分

が後代の思想上の必要に基づく仮託であるから注意を要する。封建的社会体制の解体過程にあって当時各国は国内的には中央集権的専制化、対外的には戦争による大国化を進めていた。これに反対して墨翟は古く君主・貴族に隷属していた職能氏族をギルド的工人集団にまとめあげ、その最高リーダー鉅子として兼愛（相互愛の普遍化）と非攻（反戦平和）の実現のため、王侯・貴族に対する説得や被侵略国を助ける城郭守禦といった実践活動を指導した。なお『墨子』はそのなかに墨翟の自筆を含まず、すべてが後学の墨者たちによって書かれたものである。

とするが、入れ墨文化と兼愛篇の整合性はどこに求めればいいのだろうか。

先の赤塚氏の墨子と殷文化との接点を考慮すれば、合理化された天志篇、更には明鬼篇が成立する過程で、幾重もの変貌の過程があったとは推測できないだろうか。

集団独自の思想の前には、必ず時代を支配する発想が存在するはずであろう。墨子の場合も、その自己批判の繰り返しの末に宗教性から脱皮し、逆に宗教性を利用するという、一周、二周した過程が存在したことは、想像に難くない。つまり宗教→合理主義→反動→忌避の様な過程が想起できる。

それは、墨子と言う文献に残存し、時に利用、批判される旧い故事の多さが傍証とはいえまいか。

つまり殷滅亡から戦国時代の開始までの約六〇〇年の思惟過程を想像せずに、突如墨子のような思想を考えるのではなく、中核たる賞罰観念を基軸として幾重にも累積されて戦国期に開花した、思想としての全体構造を解き明かしつつ関係を考証する必要があろう。

味方の為に敵を殺すことと、味方の為に己が死ぬことはｓ、同等の誉れであったことは、長い人類の戦争史から明らかであり、刑罰が実力制裁、所謂戦争であった古代の姿は、具体的な事象として出土文物からも容易に読み取れる。

刑罰の本質と私有財産

殷時代を唯物弁証法的な前提に立って考証し、私有財産発生によるアイデンティティから、母系から父系に変化した。つまり私有財産（領土）を護るために武闘する男性が尊重されるようになり、原始共産制（母系）から推移を遂げた。これは、郭沫若の説であるが、その発生の時代をいつと考えるかはさておき、古代遺制の構造自体を全否定はできまい。

その上で、郭沫若は、墨子は天の擁護、天子の領土を専有するための思想であり、儒家の「人民本位」に対し「帝王本位」と喝破した。

さらに銭穆は「墨子」の墨は入れ墨の意味とし、その賤的な身分を指摘、奴隷に近い身分であると見抜いたが、その実態はどうだったのであろうか。

墨子を殷の継承とする説は、既に多くの批判を受け、赤塚忠の殷以来の伝統的な天を最も優位な主宰者となす天志篇が基軸となり、尚同・兼愛の根拠となすとする構築論にも疑義が挟まれている。

ただ私は、再度赤塚説を肯定的な立場で洗い直したいと思っている。

墨子の出身は、殷周革命後、殷族がおしこめられた宋の国である。明鬼篇を始め、旧い風習の残存も多くその文献に確認できる。また節葬篇に於いては、あしき古代遺制である殉葬に対して、批判的な見解を呈している。

そのような特異な文献を、後世からではなく、逆により古い殷文化との関係性で読み解きたいものだ。

尚古主義とマルクス主義の陥穽を補う視角

墨子の特徴は、現実主義にある。無論、現実に対して誰もが理想を説くのだが、例えば「尚同」上篇冒頭に、

墨子言曰「古者民始生、未有刑政之時、蓋其語『人異義』。是以一人則一義、二人則二義、十人則十義、其人茲衆、其所謂義者亦茲衆。是以人是其義、以非人之義、故文相非也。是以内者父子兄弟作怨悪、離散不能相和合。天下之百姓、皆以水火毒薬相虧害、至有余力不能以相労、腐臭余財不以相分、隠匿良道不以相教、天下之乱、若禽獣然。

墨子先生は言われた。「民がはじめて生じた太古の時代は、まだ刑罰の規定も統治者の政令も存在しなかったため、さだめし人民は、それぞれ内容を異にする義を口にしていたのであろう。そのせいで一人いると、一つの義があり、二人いると、二つの義があり、十人いると、十の義があるという具合で、人数が多ければ多いほど、いわゆる義なるものが増加したのである。そこで人々は自己の信じる義こそが正しいとし、他人の信奉する義を誤りだと判断した。そのために人類は、お互いに相手を非難し合うことになった。その結果、家庭内では父と子、兄と弟ですら、怨み合い憎しみ合って袂を分かち、互いに和合することができなかった。天下の人民も、堤防を決壊させたり、放火したり、毒薬を盛ったりする手段で、こぞって相手を傷つけあった。そして余分の労働力があっても助力しようとせず、腐るほど財産があっても他人に分け合わず、生きるべきよい方法をひた隠しにして他人には教えあわないという見下げ果てた状態

に陥ったのである。こうして天下が混乱する有様は、まるで野獣のようなものであった。とあり、太古が人ごとに義を異にして殺人や略奪が横行し、まるで野獣の世界であったという直視にある。

これは儒家が、古に理想社会を夢想し、それへの復古を説く牧歌的な尚古主義であることや、原始共産主義を理想化し、私有財産の発生から戦乱が生まれたとするマルクス主義とも違う構造になっているのは特筆に値する。

現実的には後者二つの方が、机上の空論ではなかろうか。私有財産の発生からお互いの財産を尊重する礼節が生まれ、道徳が発生したとする方が、地に着いているように思う。

ともあれ、墨子の尚同、信賞必罰、刑政が、映像化しやすいリアリズムを有していると言えよう。罰としての刑（五刑・墨刑）の実態も、やはり前世からの連続を度外視し、後世からの眼に偏るアナクロニズムに陥ってはいけないのだろう。

因みに墨家はこの理想的現実主義、一徹な思想家たちであるが故に、諸子百家たちの文字が氾濫する時代にあって、逆説的に次第に勢力を弱めていく宿命にあった。合理主義に過ぎ、文飾を潔しとしなかったのである。

よって文字が爆発的に増加し、殉文が盛んになることによって、皮肉にも殉葬集団であった墨家たちは、中国思想史の表舞台から消え失せ、地下で底流することになるのである。

注

（1）笠川直樹先生の資料を参照した。

第八章　兼愛論の源泉

最古層の非攻と兼愛

そもそも思想とは、元来、文学でもあり、政治でもあり、美術でもあるという基層の上に、独自の領域を築いていたという歴史を有するジャンルである。

現在でも伝世のものとしては一つの頂きにある墨経も、人口に膾炙されることは多くない。

この事実からも有価値的な作品呼称「古典」が、如何に時代の風を受け浮沈しているか見るべきであろう。

「古典」とは、それを「普遍」と信仰するにたる宗教的側面と、時代・地域という特定を受けてそこに主体として存する集団に利する、という政治的側面をもっている。そして過去から現在にかけて、この現象が続いているとするならば、個々の作品に対して、そのアイデンティティを問いかける作業は、まさに急務と言えよう

そして墨子をこの集団の利益という側面から考えると、先ず最古層にある非攻上篇と兼愛上篇が何某かの利益を特定の集団に産むという形で成立したことから考えなければならない。

一人の殺人に一死罪で報いる。それが戦争になると、多数の殺人が肯定されるという具体的矛盾を説き、そこから非攻、「人を虧（か）きて自ら利す」と抽象化され、それが兼愛篇に投影されていると考えるべきではなかろうか。

非攻とは、敗北族、敗北国側の立場、被害者や弱者の立場が基底になっており、そういう生い立ちを体験した人たちに利する構造であり、さらに社会化へと志向している。牧野での敗戦から約五〇〇年あるが、その後

の立場は、一朝一夕に変わるものではない。思想は、具体性と抽象性の振幅の中で変貌、生育されるものであるが、その根底との連続性は看過できまい。

異族間抗争の延長にある異国間抗争における同族意識や血縁観の強さ（による罪の肯定）を否定し、それと比例する罪と言う理不尽を発見し平たい愛を説く兼愛篇は、非攻上と表裏の関係にあり、具体性（非攻）と抽象性（兼愛）がワンセットの構造になっているのであろう。

またその文体の粗さからも非攻上篇が最も古い時期のものではなかろうか。思想を生み出す条件となる環境や体験と、抽象化されうる結果は違うイデーであり、両者は陰陽が糾うように進展する。

非攻篇で発見された「人を虧きて自ら利す」観念への嫌悪から、兼愛中篇の「君臣相愛すれば、則ち恵忠。父子相愛すれば、則ち慈孝。兄弟相愛すれば、則ち和調す。」と説く平等愛の精神によって、父子・兄弟・君臣間の孝慈の倫理が正しく完成する社会秩序の確立を期待した功績は、他の諸子百家の垂直原理を基軸とする整理とは一味違ったひとつの到達を見る。

これは水平原理の追求から演繹された、垂直軸と水平軸の交差にあると見るべきだろう。

また非攻下篇の論理として

夫取天之人、以攻天之邑、此刺殺天民、剝振神之位、傾覆社稷、攘殺其犠牲、則此上不中天之利矣。

そもそも、天帝の所有する人民をわがもののように駆り立て、天帝が建設した都邑を攻略し、天帝の保有する人民を刺し殺し、神霊が降る尸を裂き、天帝への供物を生産する農耕神を祭祀する社を破却し、天帝をはじめ神々に捧げる犠牲を略奪して屠殺するという行為は、断じて上は天帝の利益に叶ったりしない。

これは、当時の戦争の実態を克明に記す内容である。

古くは首狩り族以来の習俗への疑義を唱えているのであろうが、民族による私有財産を認めず、天帝の土地、人民という仮定に論を進めている。

これについては後に考察するが、現実的に、敵族や敵国には、このような宗教戦争的な要素を、当時も色濃く残しつつ変貌していったのであろう。

供犠とフィクションとしての殷の湯王伝説

さきに示した

上帝・鬼神・天→徳・罪→賞罰

←供犠

にもあるように、賞罰を下す天に対して供犠をする文化は、墨子中でも随所に確認できる。例えば「粢盛酒醴犠牲」の供犠はしばしば語られている。

その中で、これも兼愛下篇に、

「且不唯《禹誓》為然雖《湯説》即亦猶是也。湯曰『惟予小子履、敢用玄牡、告於上天后曰「今天大旱、即當朕身履、未知得罪于上下、有善不敢蔽有罪不敢赦、簡在帝心。萬方有罪、即當朕身、朕身有罪、無及萬方。」即此言湯貴為天子、富有天下、然且不憚以身為犧牲、以祠説于上帝鬼神。』即此湯兼也。雖子墨子之所謂兼者、於湯取法焉。

そのうえ、ただ『禹誓』だけが聖王の〈兼〉を実践された証拠が記されているのではない。『湯説』にも同様な証拠がある。そこにはこうある。『湯は言った。〈ここに私め、あなたの後裔に当たる履は、黒き雄牛を犠牲に供え、あえて天なる神に申し上げたい。いま、天なる神のあなたは長くきびしい日照りを罰としてお下しになり、私め履に思い知らそうとなさっています。しかし私めが考えるところでは、如何なる罪があなたをはじめとする神々を怒らせているのか、不敏にして思いあたることができません。もともと私めは平生から人々に善行があればそ知らぬ顔をせず賞をあたえますし、また人々に罪があれば、あえて許さず罰を与えるよう統治に努めているつもりです。しかし私をはじめ人間の行為が善に当たるのか、罪に当たるのかを決められるのは、すべて天の神なるあなたの御心にあります。もしよろずの国々の人が罪を犯したことならば、責任は私め一人にあるのですから、私め一人を罰してください。また私め一人が罪を犯したことならば、その罪をよろずの国々にまで広げないでください。〉と』つまり、これは湯が尊いことは天子という、天下の富を所有する地位にありながら、一身を犠牲にしてまで上帝を始めとする神々に祈りをささげ、平生の信念を恐れることなく申し上げた事実を物語るものである。これこそ湯が〈兼〉を実践された証拠に他ならない」わが師墨先生の主張される〈兼〉も湯をひたすら模範にされたものと言えよう。

とあるのは、〈兼〉に基づく賞罰の運用がテーマであるが、殷の湯王が人身供犠に際し、自ら犠牲になったという古い故事が背景になっている。

この人災と天災を相関させる天人合一論は、殷以来の人身供犠の名残と美化に他ならず、その観念の骨格自体は兼愛篇に於いても継承されていると言えるだろう。

贖罪帝王学としての神話

そもそも古代の王の象形は、などの伐や人首を刈る鉞（まさかり）である。つまり、首狩り族の延長から内外の刑罰権（外は戦争）や残酷な殺人権など、罪の表象である。

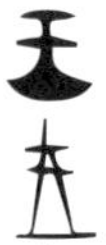

王の実態は戦禍に明け暮れる、欲深く罪深い存在である。この王の犠牲救済伝説は、キリストの十字架や復活や受胎に近い、贖罪のための神話に他ならない。罪深い存在に対する贖罪帝王学の戒めと贖罪の表象であり、求むべき王の姿、理想像である。この王への虚構像と宗教観を信じ、墨家は汚れ仕事の最前線に立つ。

その先の浄土の思想が墨教であり、ここに殷以来の賞罰論を基底にした神話と思想の重層性が読み取れる。

つまりこの兼愛篇の神話が墨家思想の基軸の一つになっていると言えるだろう。

何を賞とし、何を罰とするか。敵族を殺すことに因る賞と、殺されるという野蛮な罰から、文明化、徳治へ逆転するのが、この文字爆発した諸子百家の時代であった。現実とは裏腹に、思想の上ではその革命が、墨子によってなされているのである。

沈黙の宗教　墨教

繰り返しになるが、「古典」とは、それを「普遍」と信仰するにたる宗教的側面と、時代・地域という特定を受け、そこに主体として存する集団に利する、という政治的側面をもっている。

その宗教的側面を再度、天志篇とともに確認したい。

本篇が描く社会の平和と人民の幸せを願う天の存在は、決して墨家の独創ではない。人間にとって絶対的な善なる存在としての天は、すでに殷代の甲骨卜辞に最高神、上帝として見られる。西周以降、上帝は天と称されるが、このような観念は中国古代の伝統と言えよう。墨家はこの伝統的観念を継承しながら、自分たちの主張は、天、上帝も希求するものとして、天志を新たに構成し、正当化、普遍化を試みたのである。

具体的には、現実政治の場で空洞化しつつあった上帝の絶対的権威の回復を図りながら、上帝の意志と墨家の思想の摺り合わせを行い、上帝から罪を得れば逃げ場はないとか、三代の聖王は賞を、暴君は罰を下されたと上帝の威信回復を図る。その仁義を唯一の基準として、また上帝は地上の人間に兼愛・交利や非攻を実践するよう求め、天志論の究極の目的も、上帝の権威を借りて、兼愛論や非攻論の正統性を根拠付けることにあったとも言える。

そもそも罪と言う観念は、宗教を背景とするものであり、その宗教観が進化したのである。

つまり上帝・天とは「他界」であり、その他界観が、殷周を経て宗教観が変貌した姿とも言えるだろう。

自民族中心主義、自祖先中心主義の恣意的な祭祀観ではなく、それが公の論理にまで成熟していることに留意したい。

上帝の祟りや上帝への罪に、戦争で捕らえた異族の生贄などの供犠をあてがい治める他界観から考えると、その暴力の原理から道徳の原理へと推移する著しい進歩が認められ、その新たに纏われた天志の宗教性は、中国の宗教観の一つとして根強く継承されていたのである。

「他界へのパスポート」は「天へのパスポート」へと変わり、入れ墨から、文字に因る「道徳思想」へとこの時点で、大きく舵を切ったのではなかろうか。

推移する観念

「時代」とは、推移する状況に観念した集積に与えられる尊称に過ぎない。

この命題は、常に自己問答する私の歴史認識であるが、陽明学者でもあった蒋介石は、「格物」、いわゆる「こと」を「ただす」には、推移する情勢という認識が不可欠と説き、古く『韓非子』五蠹(ごと)篇にも「守株」の故事の中で、聖人を神秘化し過ぎ、上古を偶像化するのではなく、その時代にその業績を成しえた精神が肝要であって、旧習に固執せず、今の時代に則した営みの変貌、考え方を日々新たにしていくことの必要性を述べている。

これは、あらゆる「文化」「政治」「思想」等を論じる際に、常に変動している社会についての配慮が求められることを物語っているのだろう。

よって、墨子の解釈も、時代によって推移する。

伝統儒教への反逆者だった明の李卓吾は、同情的な『墨子批選』を書き、清の考証学者たちは、朱子学の批判を行い、異端とされてきた『墨子』についても、汪中、王念孫、兪樾(ゆえつ)、孫詒譲(そんいじょう)らにより注釈が加えられた。

また近代では、墨子の唱えた兼愛はキリスト教の博愛に擬せられ、尚同篇はルソーの社会契約説、墨辨はアリストテレスの論理学に近いなどと、西欧の反照として、そのナショナリズムの復興とともに再評価された。

あの梁啓超が、日本の武士道のルーツを『墨子』に求めたのも有名な話である。

清末から民国の『墨子』の再評価は、当時の中国人の願望の投影として出発し、彼らが置かれた時代状況、趨勢や危機意識がみごとに反映されている。

またそもそも、残存する『墨子』本編の生成過程に於いても、常にそのような時代・社会の要請があり、その産物であったことを忘れてはならないだろう。

第九章　書の基底をなす宗教性

入れ墨と文字

入れ墨は、古代には、「墨(ぼく)」「黥(げい)」「剠(けい)」「黵(たん)」「鑽笮(さんさく)」「刺字(しじ)」等と呼ばれていた。入れ墨の模様には、文字を用いることもあったようだ。文字と模様の分別ができていない時代から明らかに文字を用いた時代と分けるとしてもその源流は同じであろう。

例えば、金文の「文」字は、などと表象されるが、明かに、模様と文字が未分化である。

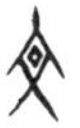

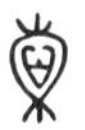

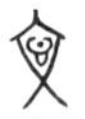

「文」字に就いては、清末の呉大澂が『字説』の中で、『尚書』大誥篇に見られる十二例の「寧」字がすべて「文」字の誤写であることを指摘し、大誥篇の原本の「文」字が、金文等に見える中央に「心」字を加えたのような古体字であったため、「寧」字に誤写されたことを明らかにした。

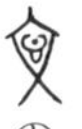

このような間違いは、模様と文字が未分化であった当時の事情をよく物語っている。

金文に筆法なし

金文は、文字と言えども、筆文字ではなく、鋳造の際に鋳込まれたものである。故にそもそも筆法などないのではなかろうか。無論下書きの際、筆で描かれたものではあろうが、用筆と言えるものはこじ付けに近い。ただそれ故逆に入れ墨文字の形象に近いのではなかろうか。装飾と言えよう。

例えば金文の奭（爽）字をみると、などと、人形に入れ墨が施されている形象であり、入れ墨模様も「文」字同様に多彩で、その形象に馴染んでいる。つまり、金文の形象と入れ墨は同様の次元の表象であり、これら金文が部分的にも入れ墨に用いられたことは、想像に難くないだろう。

古代文字と入れ墨の接点

甲骨文の「文」字は、、「爽」字は（第五期）と、その入れ墨は、×に象徴される。この×や+は先に見た殷墟の文物と沖縄奄美の入れ墨に共通するものであり、文身としては他界の表象、死の表象、罪の表象を意味する。

私論では文字と入れ墨の共有点は、この×や+にあると考える。この×や+が複雑に蓄積された表象が漢字であり、それは他界の表象を共有する。

あの世、または、理想社会を、時に尚古であれ、未来であれ、その×や+の先につながる漢字の集積の世界に表したものが漢学という想像、創造の産物に他ならないだろう。

つまり漢字は、象徴的に言えば、造形的にも交差の塊であり、漢学にはその先の理想世界、形而上の世界が語られているのである。

冊命金文と儀礼

西周前半の発展期には「会同型儀礼」が盛んに行われていた。これは殷の祭祀を継承したもので、王の主催する儀礼や祭祀に邦君や諸侯等を参加させ、宝貝等の物品を賜与したものである。しかし、後期の衰退期に差し掛かった時、礼制が改革され、「冊命儀礼」の導入によって、周王朝は立て直され、安定期に入る。「冊命儀礼」とは、王が臣下の職務を任命する際、史官が任命の次第を書した冊書（竹簡に書かれた書）を王に手渡し、更に別の史官に任命書を宣読させ、物品を賜与する儀礼である。これは「会同型儀礼」よりも、臣下に実利的な統治権限を与えて王の求心力を保つことを目指すもので、「周」で始まった祭祀であった。つまり周時代は、木簡儀礼によって、宗教から政治に脱皮し、木簡の役割が新たに変貌を遂げた時代でもあったのである。ただその木簡儀礼は、未だ王権の呪術性を背景にしたものであったことには留意しなければならない。

文字を埋葬する文化

甲骨文や木竹簡が地下から出土されるのは、墓葬に際して埋葬されたからであることに他ならない。それは出土文物すべてに言えるが、死後の世界に陪葬されたものであり、他界に随伴されたのである。またそれが、供養の一環であったことも想像できよう。つまり、これらの文物は殉葬と同列に議論され得るものである。

ここで、「墨」字の字源に就いての仮説を披瀝したい。従来「墨」字は、『説文解字』の「書する墨なり」とする解釈により、黒と土の会意文字であり、その黒は、火を燻して嚢の中に煤をとる字形と考えられた。しかし、唐蘭説に従って黒は入れ墨を入れた人形であり、そこに土を加えた形とすれば、それは入れ墨を入れた人を土葬、殉葬した象形とは考えられないだろうか。

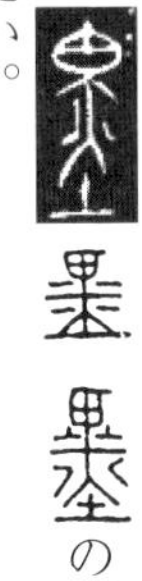の表象をそう解釈すれば、自説の墨子論と見事に符号するのであるが、と一説を投じたい。

木簡による甲骨文の継承

殷代以降の木簡は、周原・周公廟甲骨のような殷末周初の卜辞が発見されており、春秋期には侯馬盟書の中にも卜筮の記録が見られる。また戦国期の卜筮祭禱簡は、湖北荊門の包山二号墓、江陵の望山一号墓、河南新蔡の葛陵楚墓などから見つかっている占いと祭祀の記録である。その文章は、甲骨卜辞と同じように、卜筮が行われた日付と、卜筮の担当者である貞人の名前を記した前辞、卜筮の内容を記した命辞、吉凶の判断を記した占辞の各部に分けられるが、卜筮が的中したかどうかを記す験辞にあたる部分は見つかっていない。

楚国では年初に一年の吉凶を占う歳貞や病気の時に臨時に病気の平癒について占う疾病貞などの慣行があり、占いは通常、長期的には吉であるが、短期的には難があると判断され、それに対して貞人（占い師）は祟りの原因とそれを解除するための儀礼を提起し、その内の一部が占卜依頼者により実行された。卜筮祭禱簡の復原は包山楚簡のみ可能で、私的な行為というより官僚としての意識を醸成するための公的色彩が濃い。同時期の秦と比較し、支配秩序の維持のために象徴的儀礼を用いている点が、人治主義国家としての楚国の封建的体質を象徴的に反映していると言われている。

楚における卜筮祭禱の慣習は紀元前四・三世紀に見られ、紀元前三世紀以降はあたかもこれと交替するように『日書』が現れる。日書とは、様々な物事に関する吉日・凶日を示した日選びの占いであり、司馬遷『史記』にも「日書列伝」がある。これらはともに、やはり墓地の被葬者の為のものである。

木簡冥土パスポート

一九七三年秋、鳳凰山で長江流域第二期文物考古工作人員訓練班が実習していたところ、前漢の木槨墓が発見された。翌年に全面的な発掘調査がおこなわれた結果、秦代以降の一八〇基あまりの墓が新たに発見された。そのうち八号墓・九号墓・一〇号墓・一六七号墓・一六八号墓・一六九号墓から簡牘が出土した。特に一六八号漢墓は、墓主である男性の湿屍体の発見が話題となったが、簡牘・文書用具・漆器など貴重な副葬品も数多く出土している。

そのなかの文字資料として注目されたのは竹牘（図1）である。

竹牘は、約二三センチの輪切りにした竹を縦に割き、表側を五面に面取りして、四行に墨書されており、内容は生前の「江陵丞」から死後の「地下丞」へあてた墓主の身分証明書、いわゆる「冥土へのパスポート」と呼ばれ、保存状態もきわめてよく、長脚体の点画を交えた変化に富む草隷の文字である。

一六八号墓は竹牘の内容から、文帝十三年（紀元前一六七年）の埋葬で、墓主が市陽五大夫の遂であると推定されているが、前漢期でもこのように木簡は、他界との行き来に必要な宗教的存在であったのである。

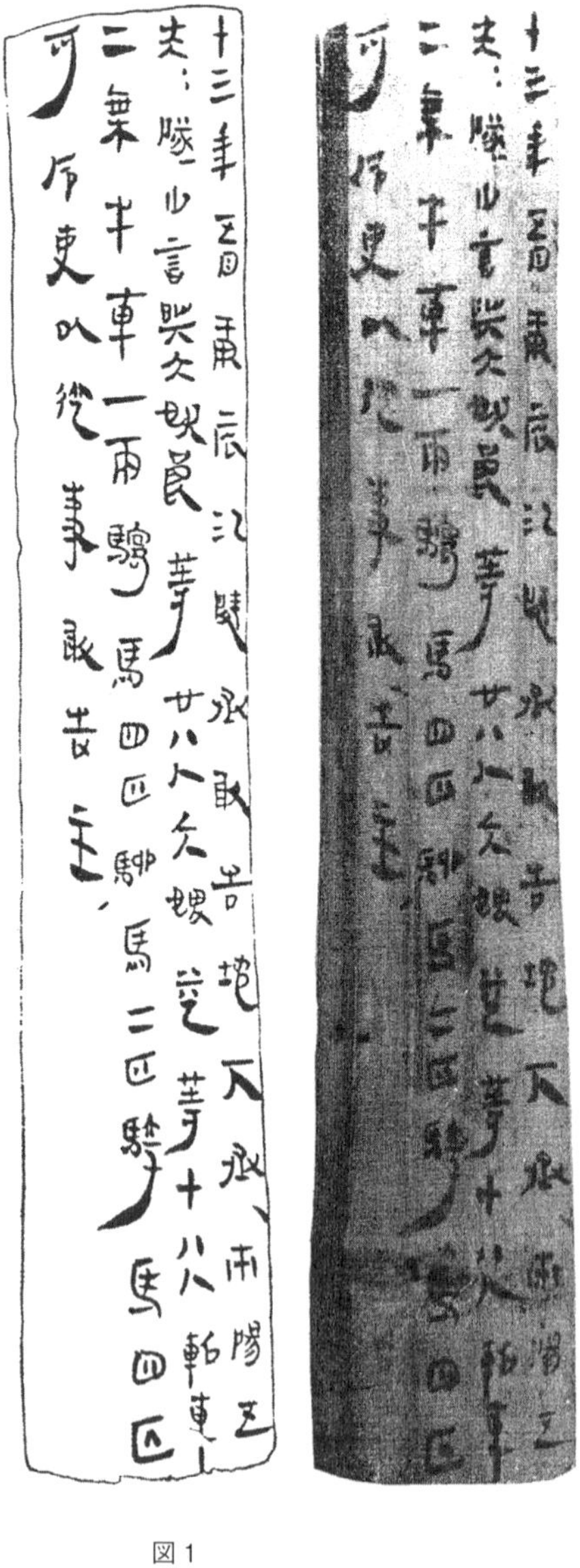

十三年五月庚辰江陵丞敢告地下丞、市陽五
夫=隧自言與大奴良等廿八人大婢益等十八人軺車
二乘牛車一兩騶馬四匹駠馬二匹騎馬四匹
可令吏以從事敢告主

図 1

入れ墨刑の禁止と書論の発生

漢の文帝（前一八〇－前一五七）の時代に黥（入れ墨刑）は禁止された。つまり「刺字（字を入れ墨する刑罰）」が禁止されたことで、文字は罪の表象から脱却し、その呪術性が削がれたことを意味する。よってその出来事が、当時の隷書や草書の隆盛に、意識として反映されたと見て大過なかろう。『説文解字』に「漢興りて草書あり」とあり、後漢から初期の書論が登場するのだが、それは草書美の追求が主であって、のちに隷書美も追認する形をとる。

呪術性からの解放によって、書人たちは純粋な用筆美や造形美に邁進することになる。

つまり、入れ墨刑の禁止と書論の発生は、表裏の関係にあり、十字形（交差）主旋律でなく、円運動主旋律の草書の流行は、換言すれば、文字が背負ってきた十字架からの解放を物語っていたという側面が指摘できるだろう。

木簡から墓誌銘へ

秦の始皇帝が巡幸して各地に立てた刻石のほか、現存する石刻の最古のものとして知られる石鼓も形式の上では碣に入るため、碣の出現は戦国期までさかのぼる。墓誌は墓誌銘ともいい、故人の経歴や事績を方形の石に刻して墓中に埋めたもので、中国の文章のジャンルの一つである。墓中に埋め、時代が移り変わっても、墓の主がだれかをあきらかにするための文をいう。墓誌の早い例は後漢時代にみえるが、魏から西晋にかけて墓碑を立てることが禁止されると、小型化して墓中に入れることが流行し、西晋以後とくに盛んになった。

先ほどの冥土へのパスポートたる木簡同様、他界に逝く被葬者の為のものであり、木から石にその媒体が変化したものと言えよう。書道に於ける石碑や墓誌銘は、謂わば追善供養の為に書されており、その思想が書の底流に流れていることがわかる。

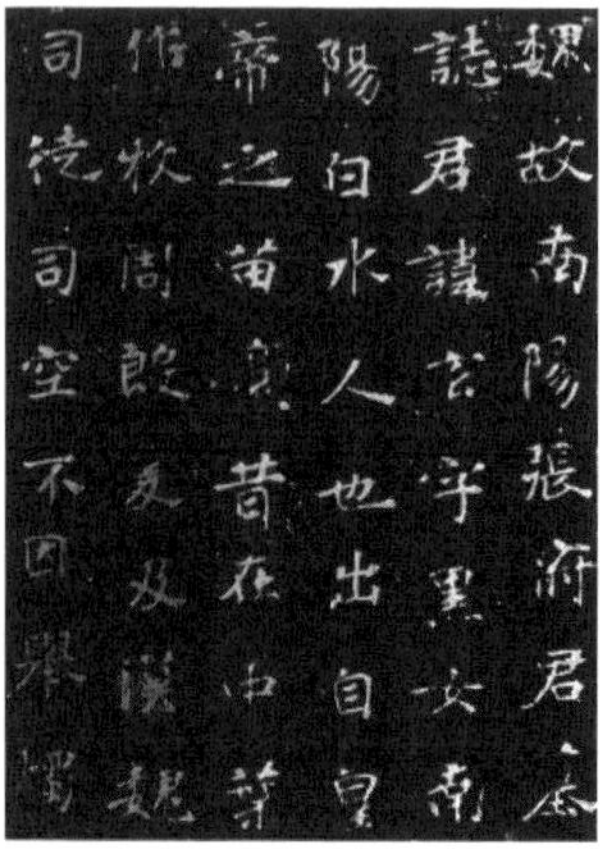

図2

唐時代の殉葬と王羲之

唐の太宗の昭陵は咸陽城の西北四〇キロ、醴泉県の九嵕山上に位置し、面積二万ヘクタール、周囲六〇キロ、帝王陵墓の中では最大級の規模のもので、陪葬墓の収容数も最多、唐代の代表的な陵墓である。《唐会要・陪陵名位》に拠れば、陪葬者は妃七人、王五人、公主十人、宰相十三人、丞郎三品官吏五十人、功臣、大将軍六十人、計一五五人とある。また現代考古学の実地調査に拠れば、陪葬人数は、二〇〇人をはるかに上回り、あるいは三〇〇人を超えるのではないかとも言われている。

副葬品に含まれる俑とは墳墓に副葬するために作られた人形のことで、木製のもの、布製の服を着せたものもあるが、多くは焼き物で作られている。

中国で俑が製作され副葬されるようになったのは春秋戦国時代のことで、殉葬の代わりに死者のために働くものとされ、兵士や官吏、舞人や楽人など、その内容は多彩であった。唐代の俑を垣間見ると、異民族衣装をまとった女性の俑があり、頭にはフェルト製の大きな帽子を被っており、その時代の華麗で国際色豊かな文化がよくあらわれている。ふくよかな顔立ちは唐時代の美人の典型である。

そのような陪葬の一環として、誄文性のある蘭亭序も埋葬された。まさに古代木簡の埋葬文化を継承しており、その伝統上で美の最たるものと言えるだろう。

蘭亭序考

誄文とは、死者を弔い、その生前の功徳をほめたたえる文のことである。「蘭亭序」後半分をみると、

夫人之相與、俯仰一世、或取諸懷抱、悟言一室之內、或因寄所託、放浪形骸之外。雖趣舍萬殊、靜躁不同、當其欣於所遇、暫得於己、怏然自足、不知老之將至。及其所之既倦、情隨事遷、感慨係之矣。向之所欣、俛仰之閒、已爲陳跡、猶不能不以之興懷。況修短隨化、終期於盡。古人云、死生亦大矣、豈不痛哉。每覽昔人興感之由、若合一契、未嘗不臨文嗟悼、不能喩之於懷。固知一死生爲虛誕、齊彭殤爲妄作。後之視今、亦猶今之視昔、悲夫。

さて、人はみな、俯仰の間にも等しい短い一生をおくるのだが、胸に抱く思いを、一室の中で友人と向いあいうちとけて語る人もあれば、志の赴くままに、世俗の束縛を無視して奔放に生きる人もある。このように人の生きかたはさまざまで、静と動のちがいはあるけれど、めぐりあった境遇がよろこばしく、自分の意のままになるとき、人は快く満ち足りた気持ちになり、老いが我が身に迫ろうとしていることにもまるで気がつかないのである。しかし、やがて得意が倦怠にかわり、心情も事物にしたがい移ろいゆくと、なげかずにはおれない。かつての喜びは、ほんのつかの間のうちに過去のものとなってしまう、これだけでも感慨を覚えずにはおれない。ましてや、人の命は次第に衰え、ついには死が定められていることを思えばなおさらである。古人も「死生はまことに人生の一大事」といっているが、何とも痛ましいことではないか。古人が感慨を催したその理由を見ると、いつもまるで割り符を合わせたかのように私の思いと一

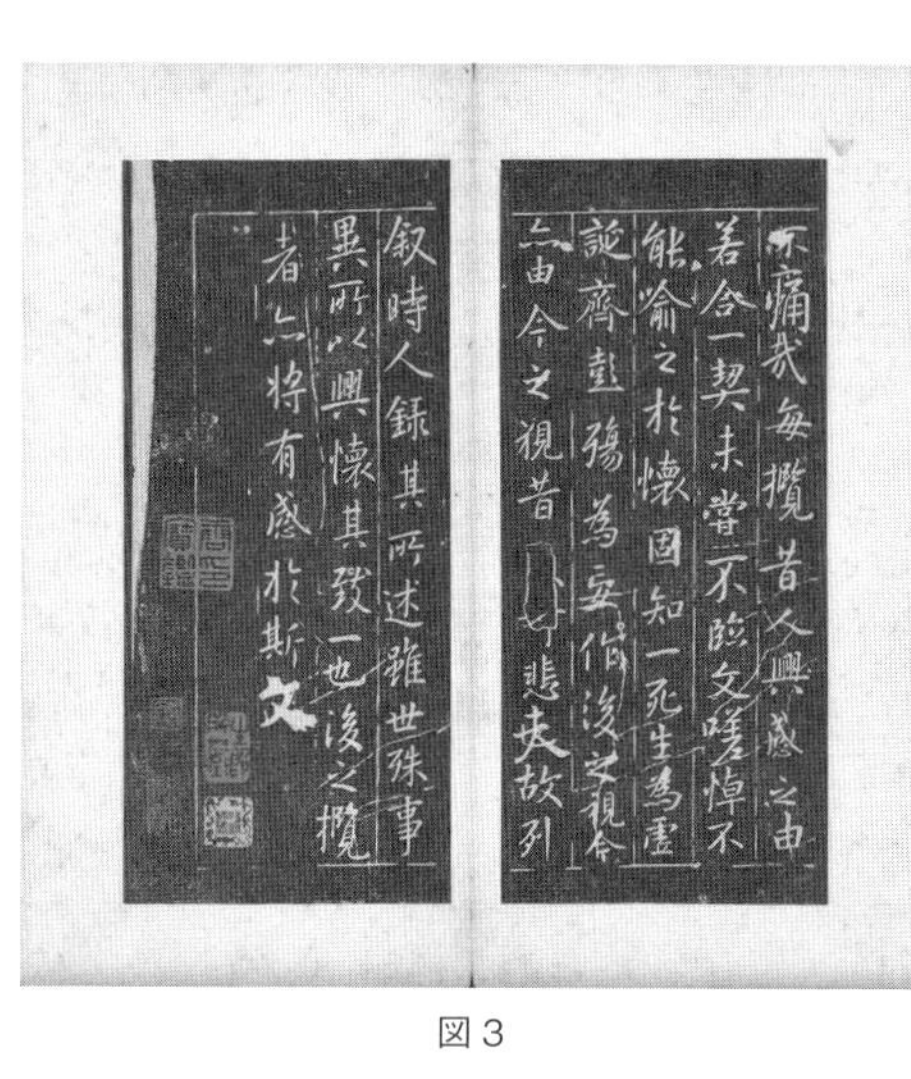

図３

致していて、その文章を読んでいまだかつて痛み嘆かずにはいられず、ただ共感するばかりで、死を痛む我が心をさとし納得させることができない。私は無論知っている、荘子が死と生を一つのことだとするのはいつわりであり、長寿と短命を同じとするのがでたらめであることを。後世の人々が現在の我々を見るのは、ちょうど今の我々が昔の人々を見るのと同じであろう。悲しいかな。

とある死への悼みの文学は、漢魏南朝で隆盛した誄文と関係しているか否かという問題が挙げられる。

漢から六朝にかけて、典雅の誄から抒情の誄へと変遷する過程で、この書も誄文的性格を有していたのではないだろうか。王羲之の外孫に当たる謝靈運の誄文中でも「悲夫」は用いられており、この蘭亭の禊の儀式が、戦争での死者への弔いの意図を有していたとすれば、それが誄文的な性格がある方が、むしろ自然であると言えるだろう。

さらに六朝貴族の中でも、長寿への執着が特に強かったとされる王羲之の死生観からすれば、その悼みの絶叫「悲夫」の前文で、老荘思想の死生斉一（しせいせいいつ）批判は、あって然りとも言える。

書の劇跡、蘭亭序も、古代から脈々と流れる書の伝統、他界との遣り取りの表象であり、その宗教性に着目しなければならないだろう。

失われた時

そしてここで着眼したいのは草稿たるゆえの、図のクライマックスの「悲夫」の前の塗抹、その「距たり」の意味である。

尖鋭な郭沫若の隷定に従えば、「良に悲しむ可き也」と濃墨でかいているが、半濃半淡の筆で「良可」の二字を消し、更に「也」の字を「夫」に改めているとする。

つまり「良に悲しむ可き也」が「悲しい夫」の二字に書き替えられたのである。

では、そのテキストの起源の意味するところは何か。

その戸惑い、迷い、苦悶の内実を想像するのであれば、それは「良に悲しむ可き也」と書き進めていれば、叙述が更に展開していたはずである。とすれば、その思惟は、具体的な戦争を想起させる文言に何か触れうる危うさを感知したからではなかろうか。

禊の儀式は、あくまでも儀式、政治集会であることをバラす訳にはいかない。集団が身の危険にも曝されるからである。それは三月の行事としての蘭草による普遍的な穢れの祓いのリチュアルであるべきで、世俗を封印しなければならない。よって、慌てて《慟哭》の太字「悲しい夫」に書き替えられたのではなかろうか。ここで完結に切り替えられ、その時は失われたのである。

よって、リプレ（ゼンテーション・表象学）やグラフォロジー（筆跡学）から言っても、その数センチの距たりの空間の意味は深い。

「悲しい夫」、悲しみの誄詞によって、精霊を呼び起こす「聖告」に置換された「間」は、「聖」と「俗」の葛藤であったはずでそこに草稿の生成論として収斂されると見るべきではなかろうか。

新顔真卿論—墨家思想との関連性　争坐位稿の文体

玄宗皇帝の七五五（天宝十四）年、安禄山の反乱時には体制の維持の為に平原太守として義兵をあげ、唐朝のために尽力したことにより、名を挙げた顔真卿。この挙行は、先ず墨子の思想と合致してないだろうか。墨子は「非攻」思想を実行するために「墨家軍団」を作り、あくまでも守りに徹する。攻められている国や城があれば、どこへでも出かけていって「守り」の戦いをプロとして実行する。「墨守」という言葉が伝えられるように、これは墨家軍団という傭兵軍団が如何に多くの成功を収めたかを示している。非攻は反戦平和主義と誤解されることがあるが、実は専守防衛主義と考えるべきで、その思想と見事に合致している。

さらに、文体論から、顔真卿の席次を乱し朝廷への翻意を示した右僕射の郭英乂に与えた抗議文「争座位稿」の文体が、『墨子』非攻上篇に酷似していることは偶然なのであろうか。その特徴は、文章に遊びの精神も、気の利いた表現もなく、ひたすら生硬な論理だけが延々と述べられ、しかも論理展開をいささかも省かず、何度でも同じ言い回しを繰り返し、どんなに分かりの悪い相手でもとことん説得する、読者をうんざりさせるような特質を有している。

この体制維持のための挙兵と文体の合致からも、顔真卿と墨子との関係性は否定できないのではあるまいか。

祭姪稿の構造

「祭姪稿」とは、唐の乾元元年（七五八）九月三日、当時蒲州刺史であった顔真卿が安禄山の乱の犠牲になった姪顔季明を祭った文の草稿である。安史の乱が勃発すると平原太守の顔真卿と従兄の常山太守である顔杲卿は協力して安禄山討伐の兵を挙げたが、杲卿の子の季明は真卿と杲卿の連絡を取るため奔走した。その後杲卿父子は敵の攻略を受け、王承業に援軍を要請したが得られず、常山城は陥落し、父子ともに壮烈な死を遂げ

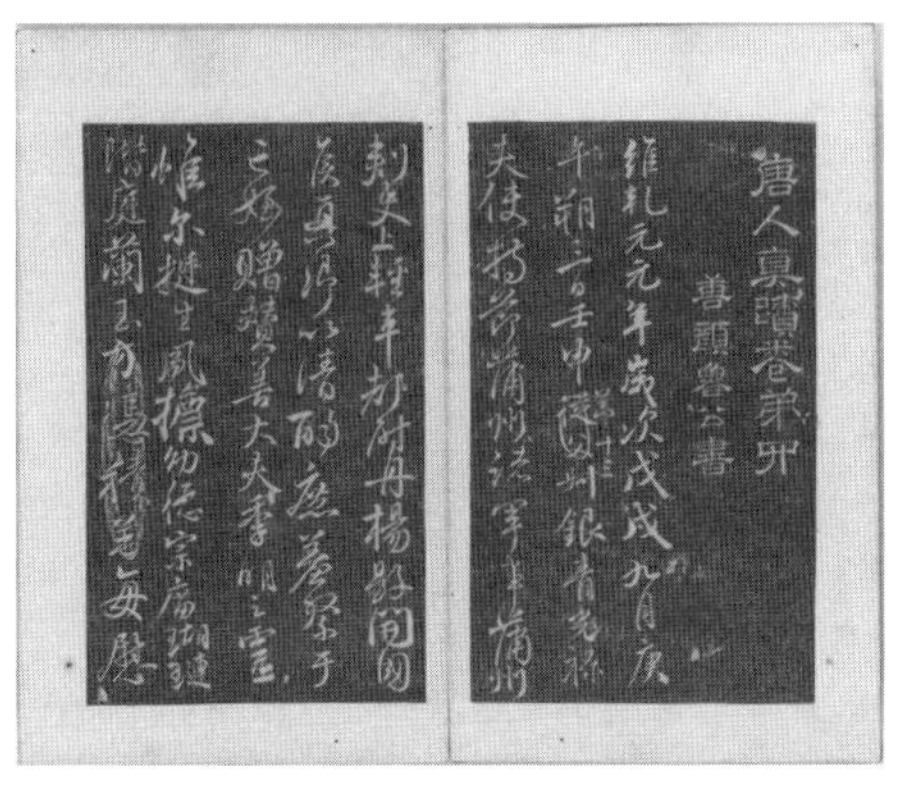

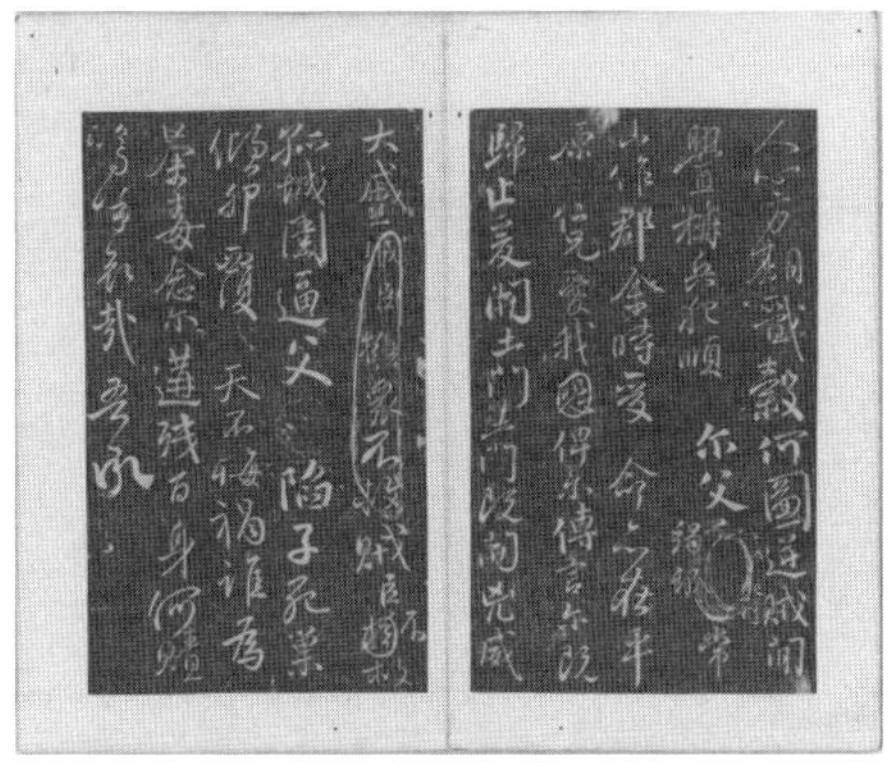

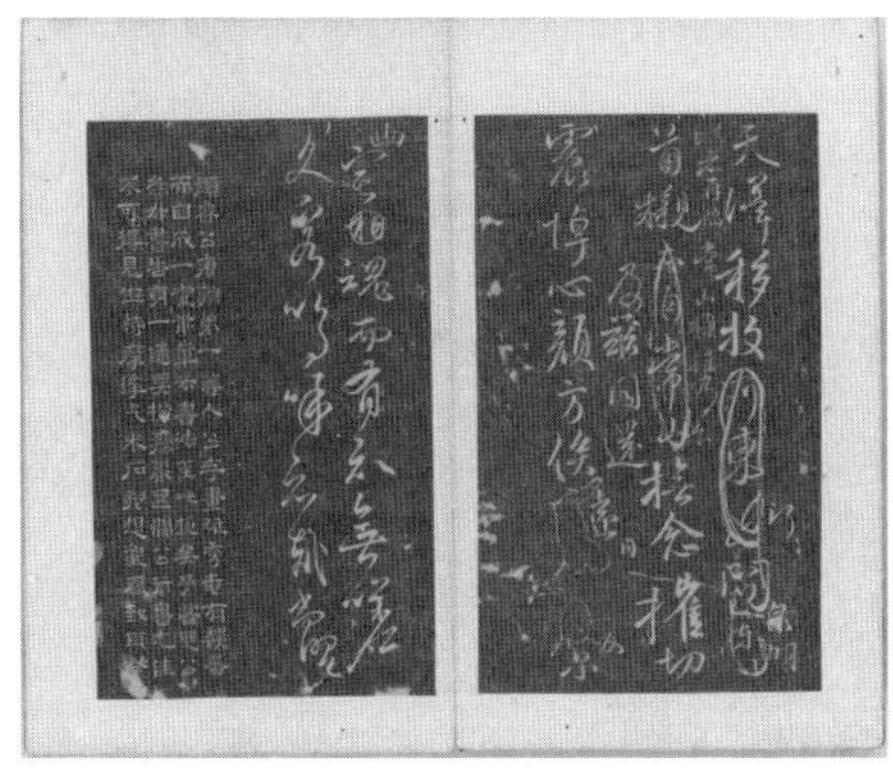

図４

た。真卿は季明の兄泉明が季明の首級を収めた櫬（ひつぎ）を携えて帰ってきたので、それを手厚く祭るためにこの文を起草したものである。悲しき唄声、その慟哭のなかにも、「義」の集団として尽くした季明へのシンパシーが、『墨子』大取篇にある「己を殺して以て天下を存するは、己を殺して以て天下を利するを是とするなり（自分を殺して天下を存続させるのは、自分の身を犠牲にして天下を利することをよしとするのである。）」の如き精神であり、来る戦禍という嵐に立ちむかっていくような力強さを感じさせている。

それは弔いの書であると同時に、『儀礼』や『礼記』の引用に見るように祭祀の書でもある。つまり季明とは、もはや他界の人物であって、それに向かって書されたことは言うまでもなく、その「忠義」という表象を通じて、他界と交信する姿は、あまりにも宗教的である。

士大夫精神の淵源

以上見てきたように、顔真卿は保守軍人の精神表象であり、墨子の思想と合致する。また例えば、宋代には、入れ墨（刺字）は軍士に施され、明代には忠心報国の表象として背中に刺字される。いや、さらに遡れば漢の武人、黥布も罪ゆえに入れ墨を施していた。つまり刺字は、罪の裏返し、戦いの表象であり、身体が文字の被写体として、その極みで文字の歴史と同伴していたのである。

私は、顔真卿が入れ墨をしていたと推察するものではないが、その精神はまさに墨家からの入れ墨の精神を継承している。

そして、その剛直な保守軍人の復古精神は、宋以後の士大夫達の、こころの拠り所となったのである。まさに「雄秀」であった。

象徴的に言えば、王羲之が平和の「玄」の表象であるのに対して、顔真卿は戦闘の「渾」の表象として、後世、受け継がれていくのである。

韓愈と『読墨子』

顔真卿とほぼ同時代を生きた韓愈が、墨子についての著述を残していることはあまり知られていない。

韓愈は、中国、唐の文学者・思想家、唐宋八家の一人と称される。儒教、特に孟子を尊び、道教・仏教を排撃した。柳宗元とともに古文復興運動に努め、『原道』を著した。道義の本原を論じ、人間を社会的秩序体のうちに存在するものとして、儒家の仁義の道を鼓吹し、没社会的な仏家、道家の説を排斥した。文中に『大学』『中庸』を引き、またいわゆる道統（中国古来の聖人の道の伝統）を唱えて、次の宋代の儒教復興の先駆となったとされている。

韓愈は、その『読墨子』の中で、その原道の精神に、墨子の兼愛を投影したのである。墨子の尚同、兼愛、尚賢、明鬼を、孔墨一致の論拠に据え、儒墨同源と考えた。さらに「相い生養する道」から、能力を基準として形成される社会的階層、それに伴う能力本位の人材登用を主張したのである。

天下を兼済する思想と聖人の道の復古は、古道を重んじた顔真卿の思想に符合する。ともあれ当時、『墨子』は知識人の間で流布していたことに相違無かろう。その思想を背景に、書の意象派が展開されたのである。

書の基底をなすもの

書の基底には、他界と祖先の表象、十字と墨という歴史的に蓄積された罪の観念が横たわっている。更に古代、神の使いの動物を介してしか他界と通じないという時代の産物（神社の狛犬など）、獣毛筆が合わさって、独自の発展を遂げてきたとも言える。

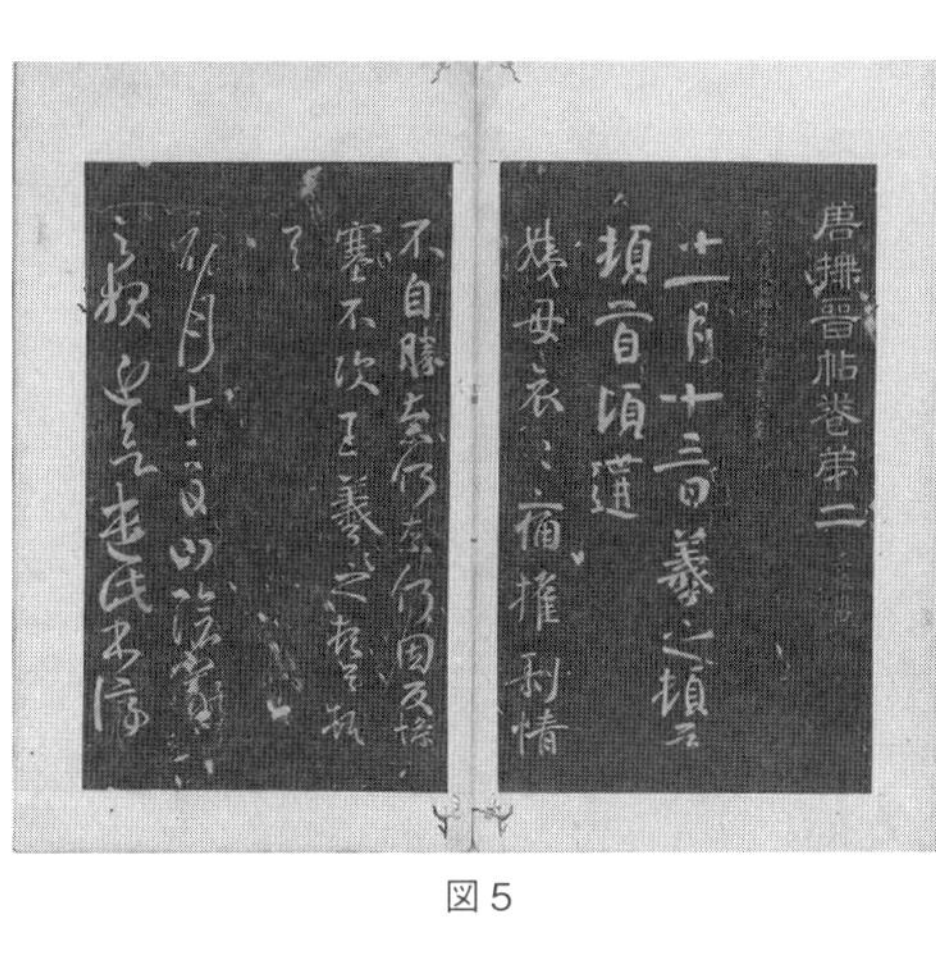

図５

そのような宗教哲学のもとで思想化し、正道の儒教とは違う極部で醸成され、独自の進化を遂げてきたと言える。書の担い手に、アウトサイダー（無名氏）、罪人、軍人が多いのは、その証左であると言えるだろう。また、少なくとも文字は、甲骨、木簡や石、紙だけでなく、身体というトポスもその媒体として有し、神への供儀、贖罪という沈黙の宗教を蔵していると言える。

次に見る王羲之の姨母帖（いぼじょう）は、叔母の死を弔った尺牘である。しかし、そこから罪の観念は感じられない。

王羲之の書聖たる所以は、その深い死への思索によって書の表象から、罪の観念を解放したことにあるのではないだろうか。書史上に於ける一大分岐点、その大きな役割を担っていたとも解せられる。

「哀痛摧剝、情不自勝（悲しみによる心痛で傷つき害われ、情がたえない）」

の箇所は、蘭亭序の「悲夫」に相当する慟哭である。実際の初期の蘭亭も、このような、素朴な形象だったのかもしれない。

弔詞と書

後漢の末から東晋の時代、二世紀末から五世紀初期に活躍した著名人の逸話をあつめた『世説新語』という書物には王羲之が書いたとして「臨河序」という文章が掲載されているが、内容は同じながら、有名な「蘭亭序」よりも短い文章である。

郭沫若の蘭亭偽作説は、仮託説を補足する証拠として扱われており、王羲之の「臨河帖」と伝世「蘭亭序」を比較し増加された悲観的な部分は、当時の蘭亭の詩に見当たらず、また『世説新語』で「骨鯁」と称された精神にそぐわない。つまり、その悼みの部分は、孫綽の「蘭亭後序」に拠って付加されたものだと判断する。

偽作された時期に関しては、まず『晋書』王羲之伝の中に「蘭亭序」が見られることから、梁から唐までの約六〇年の間と考える。劉餗（りゅうそく）の『隋唐嘉話』や何延之の『蘭亭記』に偽作についての言及が見られるが、ともに唐の玄宗の天宝年間の書であり、少なくとも『法書要録』巻二〔梁の武帝と陶弘景の間の往復書簡〕や梁の虞龢『論書表』で

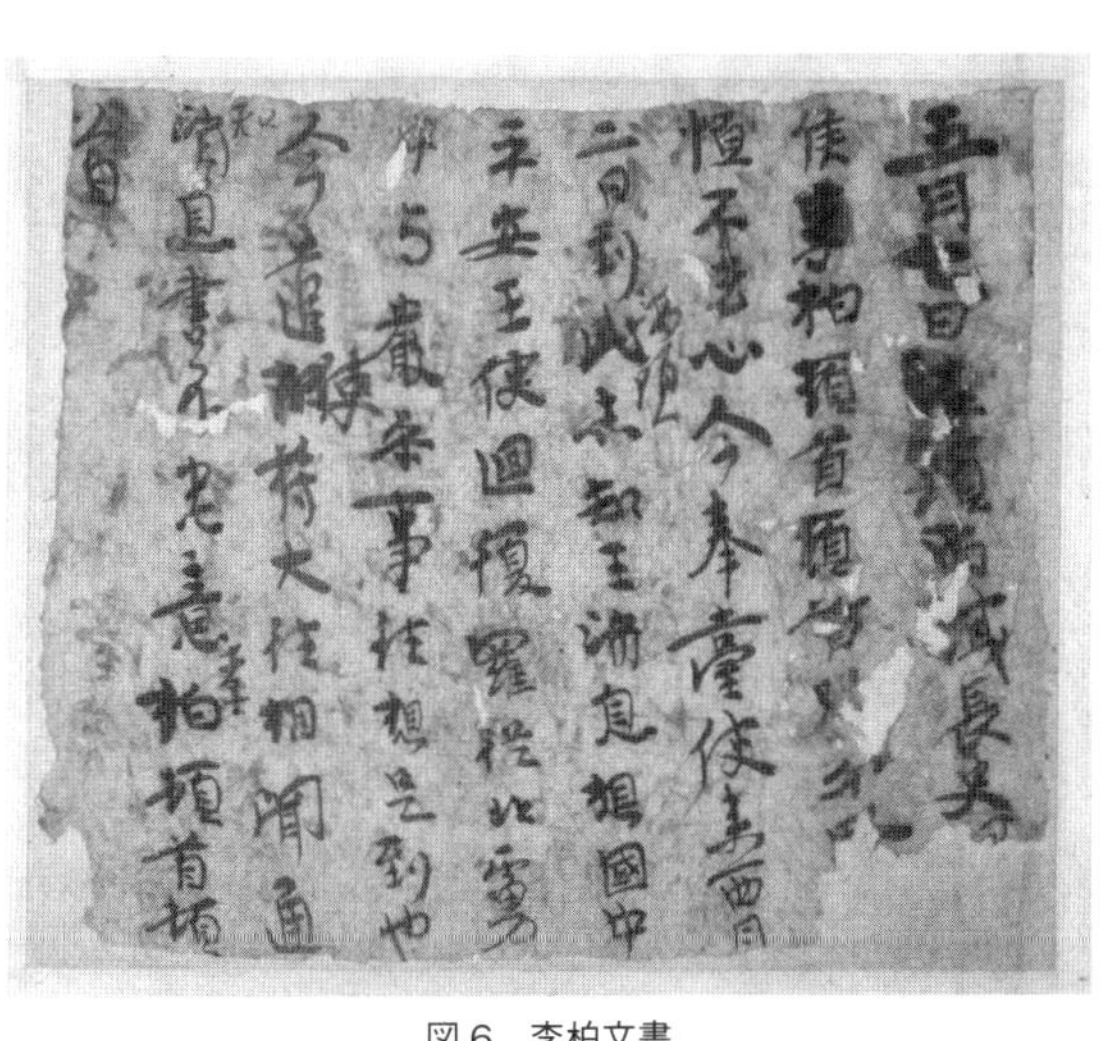

図６　李柏文書

は、晋や宋の時代に二王の書が偽作されたことが述べられている。そこで郭沫若は、その偽作者を陳代の智永と断定する。

つまり、蘭亭は当初、「臨河帖」に似た短文で、同時代の李柏文書のような隷意を帯びた素朴な結体、用筆であったと考えられ、約三〇〇年の歴史の中で、文書、結体等が時代に応じて幾重にも書き換えられ、模索され、塗り重ねられてきて、唐の太宗の陪葬の為に、現在の弔詞にまで加工されたのかもしれない。

追善供養

書は、六朝期には造像記や写経として供養の為に書され、仏教美術として、宗教の対象となり発展した。但し、古代以来の祖先崇拝と供養の精神は貫かれている。例えば、臨書という行為自体が、故人を讃える追善供養に他ならないと言えるだろう。

書の宗教性は、少なくとも古代から中世までは、保守されており、紛れもなくその精神の支柱であったと言える。

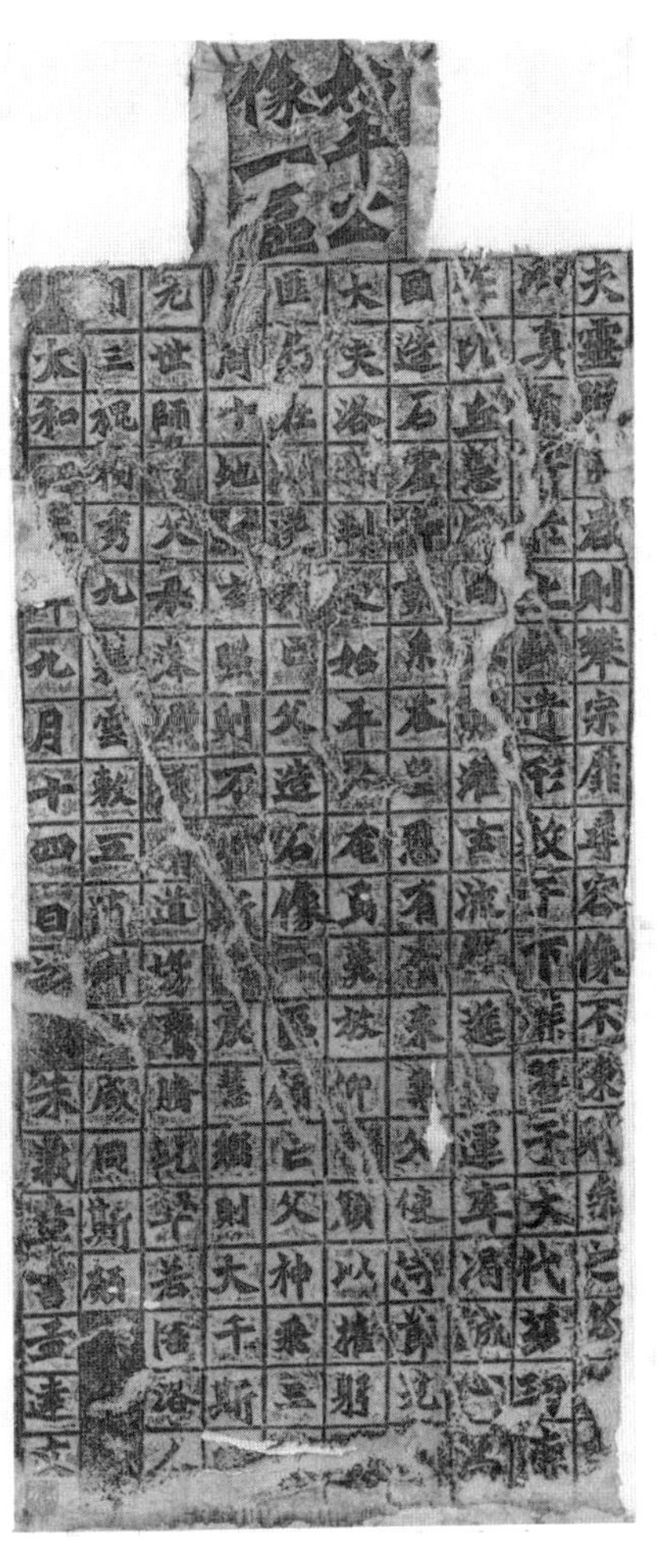

図７

附篇

（主要参考文献・図版出典）

あとがき

漢字文化圏の場合、呪文でなく呪象という形で、その祖霊への祈りが継承されてきた。その象徴が、×・+、つまり交差である。そしてその集積が漢字という表象である。想像を逞しくしてその総括を敢えてすれば、古代中国の原住民の男性は、異族、敵族の首を狩ること（殺戮）によって、成人と認められ、×（バチ・罰の施行）の入れ墨を許され、死後、同族の極楽への他界が保証されたのだろう。そこから派生して、呪術、まじないの意味となり、さらに女性も身籠れる齢になると、異族に捕らわれ奴隷にされる前に、×が施され、祖先に守護される儀式ともなったと考えられる。

またそれが通過儀礼化し、子供が生まれると守護の意味を込め、額に彡が筆書される習俗（産字）となる。これも祖先に護ってもらうためである。逆に異族に捕らえられ、敵族の入れ墨を施されることは、異族の他界に奴隷として仕える表象とされ、それが、墨刑の原初的な意味であろう。

例えば、「文+厂（かん）+彡（さん）」。「文」は入れ墨をしている人の形象。「厂」は、額。「彡」は、美しい模様を示す記号。額に美しい入れ墨を加えることが、一定の年齢に達した男子の通過儀礼として行われ、そのひとを「彦」という。儀礼の様子を表す「頁」を加えると「顔」になり、儀礼時に入れ墨を加えた顔貌を表す。因みに生まれた子の額に入れ墨を加える儀礼は、「産」となる。

そして、その「×」が「罰」であり、「バチ」とする思想を、賞罰論として発展させたものが、『墨子』思想なのではなかろうか。思想習俗史の試みの成果と言うべきか。

他界へのパスポートは、時代が野蛮から科学、人命尊重に移行するにつれて、入れ墨から、木簡文字、そして書へとその媒体の変貌を遂げたのである。

その習俗を纏いながら。


ところで、本書は三つの仮説を前提に、立論している。

一つ目は、殷代の習俗は、西南部中国の少数民族に残っている。

二つ目は、殷族が封ぜられた宋国出身の墨子の思想に、その殷代の反映が見てとれるはず。

三つ目は、それらが書の宗教性の基盤となっている。

よってやや牽強付会なところもあろう。


特に思想の分野では、恩師や先輩に異議を唱える形になってしまったところがあるが、一書家の実験として、何卒ご寛恕頂きたい。

実は、唐蘭の「黒」字論は、二松学舎大学の大学院時代に既にその存在を知っていた。当時、古代中国史で修士論文を提出した頃は、奇抜と判断して使わなかった。

しかし三年ほど前から、立命館大学の漢字学研究会に参加させていただき、思いを新たにした。

当研究会は、古代史の猛者ぞろい。驚きと、自己の能力不足への絶望と、新たな可能性を感じたのを今でも鮮明に覚えている。

数回の発表を通じて、末次信行先生に「松宮さんは書家なんだから、大胆な説を思い切って提出すればいいんだよ」と言って頂いたのを励みにして、臆面もなく今回一つの仮説を提出するに至った。

私は、研究者であり、文芸評論家でもあるが、その一番の基底にあるのは、書家としての使命である。

思えば、従来の書道史研究の手法では、書論成立以前の理論武装は脆弱となろう。後漢の書論の誕生と、それ以前とそれ以後を折り畳むように観たとき、それ以前の書（表象）の歴史は、ちょうど半分ぐらいになる。紙の歴史と木簡の歴史はそう変わらない長さがあるのだ。ただ書品羅列的な研究では、何も本質は見えてこない。よって、歴史学、考古学、社会史、宗教史、思想史、民俗学、習俗史等の研究方法を借りたのである。

さらに現代から古代を見る視角だけでなく、逆により古い時代から新しい時代を見る視角を、提供したいと考えたのも事実である。

大胆に言えば、書は殉葬の身代わり故に、その行為は弔い、供養であり、また他界の表象故に、我々の理想的未来であり、「明日」であり、「兆し」でもある。そしてそれは古くは巫祝の担った仕事である。墨子も含めて。

ともあれ、その結果に拠って、書道史に何某かの新たな光を照らすことができれば、本望である。

当書では、甲骨文の研究では落合淳思先生、周代研究では佐藤信弥先生に、また白川学では、笠川直樹先生にご指導、ご助力頂いた。

ここで改めて、諸先生方に謝意を示したい。

一書家として、立命館大学衣笠総合研究機構客員研究員の立場を賜った一つの成果として、また私自身の今後の精緻な中国古代史研究に向けてのスタート基盤として、本書を読みもの的な扱いで楽しんで読んで頂き、皆さんにご指導を賜れればと思う。

最後になってしまったが、いつも不肖を陰から支えて下さっている雄山閣出版の羽佐田真一氏、八木崇氏に御礼申し上げ、本書の末筆としたい。

信州白林山荘にて

令和三年三月二十八日

松宮貴之

主要参考文献

はじめに

佐藤慎弥「白川静「𠙵」字説の文字学的論拠と考古学的証明について」（『日本漢字学会報』第三号　日本漢字学会　二〇二一年六月）

第一章

郭沫若『甲骨文字研究』（中華書局　一九七六年）

郭沫若著、藤枝丈夫訳『支那古代社會史論』（内外社版　一九三〇年）

落合淳思『甲骨文字辞典』（朋友書店　二〇一六年）

中國社會科學院考古研究所編『小屯南地甲骨』（中華書局　一九八〇－一九八三）

白川静『字統』（平凡社　一九九四年）

白川静『甲骨金文学論集』（朋友書店　一九七三年）

杉原たく哉『アジア図像探検』（集広舎　二〇二〇年）

漢語多功能字庫　https://humanum.arts.cuhk.edu.hk/Lexis/lexi-mf/

松丸道雄、高嶋謙一編『甲骨文字字釋綜覧』（東京大学出版会　一九九五年一月）

赤塚忠『中国古代の宗教と文化』（研文社　一九七七年　五七四頁）

唐蘭《陝西省岐山県董家村新出西周重要銅器銘辞的訳文和注釈》（《文物》一九七六年第五期　五五頁）

中國社會科學院考古研究所編著『殷墟花園莊東地甲骨』（雲南人民出版社　二〇一六年十一月）

龐懐清等《陝西省岐山県董家村西周銅器窖穴発掘簡報》（『文物』一九七六年第五期）

王晶『西周渉法銘文匯釈及考証』（中国社会科学出版社　二〇一三年）

馬承源『商周青銅器銘文選』、王輝『商周金文』（文物出版社　二〇〇六年）
盛張「岐山新出（倂関）匜若干問題探索」（『文物』一九七六年第六期）
李学勤『岐山董家村訓匜考釈』《古文字研究》第一輯（〔北京〕中華書局　一九七九年一一三頁）
劉翔、陳抗、陳初生、董琨「イ朕匜」《商周古文字讀本》二〇〇二年版一四五頁
宋鎮豪「甲骨文中所見商代的墨刑及有関方面的考察」《出土文献研究》第五輯　科学出版社　一九九九年版　五六頁
落合淳思『殷―中国史最古の王朝』（中公新書　二〇一五年）
佐藤信弥『周―理想化された古代王朝』（中公新書　二〇一六年）

第二章

松宮貴之『書論の文化史』（雄山閣　二〇一〇年）
阿倍謹也『刑史の社会史―中世ヨーロッパの庶民生活』（中公新書　五一八）
籾山明「法家以前―春秋期における刑と秩序」（『東洋史研究』第三十九巻第二号　一九八〇年　所収）
佐藤廣治「釁と盟詛の歃血とに就いて」『高瀬博士還暦記念支那学論叢』（弘文堂　一九二八年　所収）
羅振玉『殷墟書契前編』（一九一二年）
白川静「羌族考」『甲骨金文学論集』（朋友書店　一九七三年　所収）
三田村泰助『宦官』（中公新書　一九六三年）
趙佩馨「甲骨文中所見的商代五刑」（『考古』第二期　一九六一年）
郭沫若『殷契粋編』（一九三七年）
容媛編「二十四年（二十三年十二月至二十四年五月）国内学術界消息」（『燕金学報』第十七期　一九三五年　所収）
劉海年『戦国秦代法制管窺』（北京・法律出版社、二〇〇五年）

滋賀秀三「刑罰の歴史—東洋」荘子邦雄・大塚仁・平松義郎編『刑罰の理論と現実』（岩波書店　一九七二年　所収）
冨谷至『古代中国の刑罰』（中公新書　一九九五年）
籾山明「甲骨文中の五刑をめぐって」（『信大史学』第五号　一九八〇年　所収）
白川静「釋文」『甲骨金文学論集』（前掲書）
白川静「辠辜関係字説—主として中国古代における身体刑について」『甲骨金文学論集』（前掲書）
サラ・アラン、渋谷瑞江訳「芸術とその意味—饕餮を中心として」『饕餮』第二号（北海道大学文学部中国文化論研究室　一九九四年）
桑原隲蔵「支那人間に於ける食人肉の風習」『桑原隲蔵全集』第二巻　東洋文明史論叢（岩波書店　一九六八年　所収）
聞一多著、中島みどり訳注『中国神話』東洋文庫（平凡社　一九八九年）
吉岡郁夫『いれずみ（文身）の人類学』（雄山閣　一九九六年）
ミルチャ・エリアーデ著『エリアーデ著作集』第三巻　聖なる空間と時間（せりか書房　一九七四年十月）
平勢隆郎『よみがえる文字と呪術の帝国』（中公新書　二〇〇一年）

第三章

木佐木哲朗「人がなぜ人の首を狩るのか？」（『県立新潟女子短期大学研究紀要』第三三集　一九九六年）
鳥越憲三郎『稲作儀礼と首狩り』（雄山閣　一九九五年）
大林太良『葬制の起源』（角川書店　一九七九年）
大林太良「海の道海の民」（小学館　一九九六年）
張莉「「文」字の民俗学的考察」（『立命館白川静記念東洋文字文化研究紀要』第九号　二〇一六年）
『鳥居龍蔵全集』第十一巻（朝日新聞　一九七六年）

李子賢著、川本邦衛訳「中国雲南省佤族の神話と首狩り習俗」(『慶応義塾大学言語文化研究所紀要』(通号一九)慶応義塾大学言語文化研究所 一九八七年)
李子賢、李静訳「ワ(「佤」)族と東南アジアにおけるU字型古文化地帯—比較を中心に」(『麗沢学際ジャーナル』第十八巻第一号 二〇一〇年)
『日本民族と南方文化』(金関丈夫博士古稀記念委員会編 平凡社 一九六八年)
千田稔「華北における先史農業と景観」(『ジャーナル フリー』二七巻第一号 追手門学院大学文学部 一九七五年)
中島健一「殷代の奴隷制度と農業とくに呉・翦両氏の近著を中心として」(『史林』第三六巻一号 一九五三年)
大和岩雄「銅剣・銅鐸の×について」(『東アジアの古代文化』九二号 大和書房 一九九七年)
張莉「「文」字の民俗学的考察」(『立命館白川靜記念東洋文字文化研究所紀要』九巻 立命館大學白川靜記念東洋文字文化研究所編 二〇一六年)
家井真『詩経の原義的研究』(研文出版)

第四章

『白川静著作集』第四巻「殷代に殉葬と奴隷制」(平凡社 二〇〇〇年)
黄展岳『中国古代的人牲人殉』(文物出版社 一九九〇年)

第五章

佐藤信弥『中国古代史研究の最前線』(星海社 二〇一八年)
山田慎也「枕団子と死者への想い」(『国立歴史民俗博物館研究報告』第一七四集 二〇一二年)
栗原朋信「木主考」(『中国古代史研究』第二号 吉川弘文館 一九六五年)

竹中淳「〈研究ノート〉フランソワ・ノエル『中国哲学三論』における霊魂観に関する一考察：木主を中心に」（『中国文化』研究と教育　七五巻　二〇一七年）

第六章

錢穆『墨子』（上海商務印書館　民国二十年）
郭沫若『青銅時代』（『郭沫若選集』一三　青銅時代　一九八二年）
王増文「墨子宋人考辨―兼驳墨子为鲁国人、鲁阳人、印度人三说」（『史学月刊』一九九六年）
钱光「墨子当为宋人考」（『兰州大学学报』一九九三年）
松宮貴之「古代奴隷制興墨刑―分析文物和文字演繹墨子思想的基底」（『世界漢字学会第七届年報』二〇一九年）
池田知久「「墨子」の経・経説と十論」（『中哲文学会報』一〇巻　一九八五年）
白川静『孔子伝』（中公文庫　一九九三年）
佐藤信弥『周―理想化された古代王朝』（中公新書　二〇一六年）
貝塚茂樹「中国の古代社会」『貝塚茂樹著作集』第一巻（中央公論社　一九七六年）
山辺進「「墨子」所見の賞罰論の形態とその特質―その発生基盤としての墨家集団へのアプローチとして」（『中国古典研究』三六号　中國古典學會　一九九一年）
浅野裕一『墨子』（講談社学術文庫　一九九八年）

第七章

赤塚忠「墨子の天志について：墨子の思想体系の復元」（『研究』六号　神戸大学　一九五五年）
山辺進「「墨子」の天について―伝統的天観との比較を中心として」（『東方学』八四号　東方學會　一九九二年）

渡邊静夫編『日本大百科全書』二一巻（一九九四刊：全二六巻　小学館）
山辺進「『墨子』所見の賞罰論の形態とその特質―その発生基盤としての墨家集団へのアプローチとして」（『中国古典研究』三六号　中國古典學會　一九九一年）
浅野裕一『墨子』（講談社学術文庫　一九九八年）

第八章

本田済『墨子』（人類の知的遺産6　講談社　一九八六年）
松宮貴之『書と思想』（東方選書　二〇一九年）
松宮貴之「菩薩処胎経」の書道思想―日本近代に於ける古典観の変遷とその世界観」（成田山書道美術館官報　第二三号　二〇〇四年）
平賀明彦「「非攻」・「兼愛」に見る非戦の成り立ち―平和論の源泉を辿って」（『白梅学園大学・短期大学　教育・福祉研究センター研究年報』第一八巻　二〇一三年）

第九章

佐藤信弥『中国古代史研究の最前線』（星海社　二〇一八年）
大庭脩『木簡学入門』（講談社学術文庫　一九八四年）
松宮貴之『なぜ書には、人の内面が表われるのか』（祥伝社新書　二〇一二年）
西林昭一等『中国法書ガイド　四一　祭姪・祭伯・争坐位文稿』（二玄社　一九八八年）
谷川鉄雄、佐々木猛『蘭亭序論争訳注』（中央公論美術出版　一九九三年）

図版出典

はじめに

図1　李瑛「汉字之源——中华大地新石器时代的刻画符号」（『文化月刊』二〇一四年二四期　内蒙古师范大学文学院）
図2　吉岡郁夫『いれずみ（文身）の人類学』（雄山閣　一九九六年）三宅宗悦「南島婦人の文身」（『人類学先史学講座』一巻　雄山閣　一九三八年）引用。
図3　平湖庄橋墳遺址刻画符号図集（浙江省文物考古研究所　文物出版社　二〇一四年）
図4　彭峪・衛松濤「青島土山屯墓群147号墓木牘」（復旦大学出土文献与古文字研究中心二〇一七年一二月二七日、http：//www.gwz.fudan.edu.cn/Web/Show_NewsStyle/4199）青島市文物保護考古研究所・黄島区博物館「山東青島土山屯墓群四号封土与墓葬的発掘」（『考古学報』二〇一九年第三期）図七。

第一章

図1　郭平英【主編】『郭沫若書法集』（四川辞書出版社　一九九九年）
図2　陳仁濤『金匱論綜合刊』第一期（香港　一九五五年）
図3　陳仁濤『金匱論綜合刊』第一期（香港　一九五五年）
図4　郭沫若主編　中国社会科学院歴史研究所編『甲骨文合集』（中華書局　一九七七〜一九八二年）
図5　郭沫若主編　中国社会科学院歴史研究所編『甲骨文合集』（中華書局　一九七七〜一九八二年）
図6　郭沫若主編　中国社会科学院歴史研究所編『甲骨文合集』（中華書局　一九七七〜一九八二年）
図7　中国社會科学院考古研究所編著『殷墟小屯村中村南甲骨　上、下』（雲南人民出版　二〇一二年）
図8　張文康編著『餠匜銘文—篆書書法範本』（上海人民美術出版社　二〇一八年）
図9　葉玉森編『鐵雲蔵亀拾遺』（五鳳硯齋　一九八九年）
図10　羅振玉編『三代吉金文字』（中華書局　一九八九年）

第二章

図1　松宮貴之『書論の文化史』（雄山閣　二〇一〇年）安陽殷墟婦好墓出土
図2　松宮貴之『書論の文化史』（雄山閣　二〇一〇年）安徽省曲阜南県出土
図3　松宮貴之『書論の文化史』（雄山閣　二〇一〇年）安陽西北崗東区出土
図4　何星亮『中国图腾文化』（中国社会科学院出版社　一九九二年）
図5　松宮貴之『書論の文化史』（雄山閣　二〇一〇年）公益財団法人白鶴美術館蔵
図6　松宮貴之『書論の文化史』（雄山閣　二〇一〇年）河北省文物研究所所蔵
図7　松宮貴之『書論の文化史』（雄山閣　二〇一〇年）フーリア美術館所蔵
図8　松宮貴之『書論の文化史』（雄山閣　二〇一〇年）泉屋博古館所蔵
図9　梅原末治『支那古銅精華』（山中商会　一九三三年）
図10　吉岡郁夫『いれずみ（文身）の人類学』（雄山閣　一九九六年）長谷部言人「西部ミクロネシア人の文身」（『人類学雑誌』四三巻三号　一九二八年）を引用。

第三章

図1　雲南省博物館編『雲南青銅器』（文物出版社　一九八一年）雲南省博物館所蔵
図2　雲南省博物館編『雲南青銅器』（文物出版社　一九八一年）雲南省博物館所蔵
図3　雲南省博物館編『雲南青銅器』（文物出版社　一九八一年）雲南省博物館所蔵
図4　雲南省博物館編『雲南青銅器』（文物出版社　一九八一年）雲南省博物館所蔵
図5　国家文物局国家文物鑑定委員会編『文物蔵品定級標准図例・兵器巻』（文物　二〇一一年）
図6　唐兰「关于江西吴城文化遺址与文字的初步探索」（『考古』一九七五第七期）

第四章

図1　中国社会科学院考古研究所編著『殷墟的発現与研究』（科学出版社　一九九四年）

図2　函館市所蔵、画像提供

第五章

図1　何毓灵「河南安阳市殷墟大司空村出土刻辞牛骨」（『考古』二〇一八年第三期　中国社会科学院考古研究所）

図2　大分県『ビジネスホテル　パークインサトー』提供

第六章

図1　劉雨・厳志斌編著『近出殷周金文集録二編』（中華書局　二〇一〇年）

第九章

図1　湖北省文物考古研究所編『江陵鳳凰山西漢簡牘』（湖北省文物考古研究所　北京 中華書局　二〇一二年）

図2　『北魏張玄墓志』（文物　二〇一四年二月）

図3　定武本蘭亭帖（公財）日本習字教育財団　観峰館所蔵

図4　停雲館帖　東京大学附属図書館アジア研究図書館所蔵

図5　停雲館帖　東京大学附属図書館アジア研究図書館所蔵

図6　李柏文書　龍谷大学所蔵

図7　牛橛造像記拓本　成田山書道美術館所蔵

著者紹介

松宮　貴之（まつみや　たかゆき）

1971年　滋賀県生まれ。

東京学芸大学芸術課程書道専攻卒業。

二松學舍大学文学部修士課程中国学専攻修了のち中国北方交通大学（現在の北京交通大学）語学に留学。

その後、立正大学文学部博士課程国文学専攻、満期退学。総合研究大学院大学より博士（学術）の学位取得。

現在は佛教大学文学部非常勤講師（書論・書道実技・日中書道史担当）、四国大学大学院非常勤講師、西安培華学院客員教授、国際日本文化研究センター共同研究員、立命館大学衣笠総合研究機構客員研究員。

専門は書論、日中文化交流史。

2021年8月31日　初版発行　《検印省略》

「入れ墨」と漢字
――古代中国の思想変貌と書――

著　者　松宮貴之
発行者　宮田哲男
発行所　株式会社 雄山閣
東京都千代田区富士見2-6-9
TEL　03-3262-3231 / FAX　03-3262-6938
URL　http: //www.yuzankaku.co.jp
e-mail　info@yuzankaku.co.jp
振　替：00130-5-1685

印刷・製本　株式会社 ティーケー出版印刷

ISBN978-4-639-02775-1 C3070
N.D.C.728　208p　21cm